A ARTE DO ACONSELHAMENTO
PSICOLÓGICO

FICHA CATALOGRÁFICA

(Preparada pelo Centro de Catalogação-na-fonte do
Sindicato Nacional dos Editores de Livros, RJ)

M42a
May, Rollo
A arte do aconselhamento psicológico; tradução de Wayne Tobelen dos Santos e Hipólito Martendal. 19. ed. Petrópolis, Vozes, 2013.

10ª reimpressão, 2023.

ISBN 978-85-326-0415-6
Do original em inglês: The art of counseling.
Bibliografia.
1. Aconselhamento – Aspectos psicológicos 2. Psicologia aplicada. I. Título.

CDD – 371.46
253.5

Rollo May

A ARTE DO ACONSELHAMENTO PSICOLÓGICO

Tradução de Waine Tobelen dos Santos
Hipólito Martendal

Tradução da edição revista
Reinaldo Endlich Orth

EDITORA VOZES
Petrópolis

© 1989 Gardner Press, Inc.

Tradução do original em inglês intitulado *The art of counseling*

Direitos de publicação em língua portuguesa:
1976, Editora Vozes Ltda.
Rua Frei Luís, 100
25689-900 Petrópolis, RJ
www.vozes.com.br
Brasil

Todos os direitos reservados. Nenhuma parte desta obra poderá ser reproduzida ou transmitida por qualquer forma e/ou quaisquer meios (eletrônico ou mecânico, incluindo fotocópia e gravação) ou arquivada em qualquer sistema ou banco de dados sem permissão escrita da editora.

CONSELHO EDITORIAL

Diretor
Volney J. Berkenbrock

Editores
Aline dos Santos Carneiro
Edrian Josué Pasini
Marilac Loraine Oleniki
Welder Lancieri Marchini

Conselheiros
Elói Dionísio Piva
Francisco Morás
Gilberto Gonçalves Garcia
Ludovico Garmus
Teobaldo Heidemann

Secretário executivo
Leonardo A.R.T. dos Santos

Editoração e org. literária: Lúcia Endlich Orth
Capa: Marta Braiman

ISBN 978-85-326-0415-6

Este livro foi composto e impresso pela Editora Vozes Ltda.

A Bob, Roger, Lee e outros de meus aconselhandos, cujas personalidades perpassam as páginas deste livro.

SUMÁRIO

Prefácio, 9

PARTE I
Princípios fundamentais, 11
I. UMA DESCRIÇÃO DA PERSONALIDADE, 13
   1. A personalidade é determinada?, 14
   2. A liberdade da pessoa, 20
   3. Individualidade na personalidade, 21

II. A PROCURA DO SI-MESMO, 30
   1. Integração social, 30
   2. A fonte do espírito, 36

III. A ORIGEM DOS PROBLEMAS DA PERSONALIDADE, 43
   1. O caso de George, 43
   2. Tensão criativa, 49
   3. A estrutura de nossos problemas, 57

IV. A EMPATIA – CHAVE PARA O PROCESSO DO ACONSELHAMENTO, 65
   1. A empatia na arte, 68
   2. A transferência mental, 72
   3. O segredo da influência, 79

PARTE II
Passos práticos, 87
V. LEITURA DO CARÁTER, 89
   1. Esquecimento e deslizes, 95
   2. A constelação da família, 98

VI. CONFISSÃO E INTERPRETAÇÃO, 107
1. O caso de Bronson, 108
2. Aspectos da confissão, 118
3. Limitações do aconselhamento, 121

VII. A TRANSFORMAÇÃO DA PERSONALIDADE, 124
1. Os limites do conselho, 124
2. O fermento da sugestão, 126
3. Citando alternativas construtivas, 127
4. Usar o sofrimento do aconselhando, 131

PARTE III
Considerações finais, 137
VIII. A PERSONALIDADE DO ACONSELHADOR, 139
1. O que faz de alguém um bom aconselhador?, 139
2. Análise de um aconselhador típico, 142
3. A coragem da imperfeição, 151

IX. MORALIDADE E ACONSELHAMENTO, 153
1. A individualidade criativa na moralidade, 156
2. A estrutura da moralidade, 161
3. Impulsos construtivos, 163

X. RELIGIÃO E SAÚDE MENTAL, 168
1. A religião neurótica, 169
2. A paixão por significado, 172
3. O ateísmo como desencorajamento, 174
4. O aconselhamento e o Infinito, 178

Notas, 183

Bibliografia, 197

PREFÁCIO

Um amigo meu que lecionava para estudantes universitários de Pedagogia comentou que ele e seus alunos haviam procurado um livro básico para as aulas. Esses alunos não queriam ser terapeutas profissionais, mas queriam saber os rudimentos do aconselhamento que todo professor deve praticar. Meu amigo acrescentou: "Não encontramos um livro adequado, por isso voltamos ao seu *A arte do aconselhamento psicológico*".

Este livro tem para mim uma história quase fatídica. Nos inícios da década de trinta, voltei de uma atividade letiva por três anos na Europa onde, durante as férias de verão, participei de um seminário, dirigido por Alfred Adler, em Viena. Ao voltar aos Estados Unidos, no meio da Grande Depressão, tive a felicidade de conseguir um emprego como aconselhador de estudantes masculinos na Michigan State University. Era um emprego que incluía três funções: dar um curso na universidade, aconselhar estudantes com problemas e supervisionar as atividades estudantis na Interdenominational People's Church no outro lado da rua da universidade onde eu tinha meu consultório.

Naquela época, Freud, Jung, Adler, Rank e outros psicoterapeutas não eram ensinados nas universidades e eram praticamente desconhecidos em nosso país. Por isso meu contato com Adler mostrou-se surpreendentemente útil. Pessoas com empregos semelhantes ao meu em todo o país estavam ávidas de informação sobre os procedimentos do aconselhamento; por isso fui várias vezes convidado a dar conferências. Como não existisse nada publicado neste campo ou, ao menos, disponível em nossa língua, fui solicitado com insistência a publicar minhas conferências. O resultado foi o original *A arte do aconselhamento psicológico*, o primeiro livro sobre aconselhamento produzido na América.

Parece estranho, mas nos dias atuais esta "área intermédia" está quase totalmente sem cobertura. As bibliotecas estão cheias de livros sobre psicologia popular, e não há falta de livros para os interessados na profissão de psicoterapia intensiva. A necessidade premente é para aqueles que não querem ser psicoterapeutas, mas precisam de algo sobre o funcionamento interior da personalidade. Esta necessidade é sentida não apenas pelos engajados na educação, mas também, por exemplo, por médicos que muitas vezes precisam aconselhar os aflitos e falar com os pacientes sobre assuntos íntimos, por advogados que atuam no aconselhamento a seus clientes, sem mencionar os campos óbvios da religião e do trabalho social. Inclusive há membros de empresas que querem saber como lidar proveitosamente com as pessoas que trabalham para eles.

Quando, pois, a Gardner Press me propôs esta revisão, eu concordei. Esta nova edição de *A arte do aconselhamento psicológico* foi revista quase totalmente e, espero, numa linguagem que faça justiça à importância do assunto e à fascinação do campo educacional.

Rollo May

PARTE I
Princípios fundamentais

A vida que não é analisada não vale a pena ser vivida.
Sócrates

*Eu vi que todas as coisas que eu temia nada tinham
de bom ou mau em si mesmas, exceto quando
a mente era por elas afetada.*
Spinoza

*Ele é realmente um homem de lugar nenhum,
sentado em sua pátria de lugar nenhum,
fazendo seus planos de lugar nenhum para ninguém.
Não tem opinião formada,
não sabe para onde vai,
não é ele um pouco você e eu?
Homem de lugar nenhum, escute.
Você não sabe o que está perdendo.
Homem de lugar nenhum, o mundo está à sua disposição.*
Lennon & McCartney

I
UMA DESCRIÇÃO DA PERSONALIDADE

O que é o ser humano? Nossa discussão construtiva deve começar aqui, pois a eficiência do aconselhamento a seres humanos depende de nossa capacidade de compreender o que os seres humanos realmente são. Um homem é mais que seu corpo, mais que seu emprego, mais que sua posição social. E uma mulher é mais que uma mãe, mais que seu encanto, ou mais que seu trabalho. Estes são apenas aspectos através dos quais eles se expressam. A totalidade desta expressão é o reflexo exterior daquela estrutura interna que chamamos, um tanto vagamente, de "personalidade". Psicólogos europeus empregariam aqui o termo "alma" como uma tradução de *psyche*. Mas para nós americanos a palavra "personalidade" exprime com mais precisão aquela estrutura básica do ser humano, que faz dele ou dela uma pessoa.

Assim, devemos começar por determinar um conceito de personalidade. Se o aconselhador deixar de fazê-lo conscientemente, ele o fará, todavia, inconscientemente – por exemplo, trabalhando sobre a suposição de que seu cliente deva desenvolver uma personalidade como a sua, ou como a de seu herói preferido, ou como a personalidade ideal vigente em sua cultura específica. O aconselhador sábio não abandonará essa questão fundamental aos caprichos de seu inconsciente, mas procurará traçar consciente e logicamente um quadro da personalidade.

Para maior clareza, apresentamos nossa conclusão antes de iniciarmos, isto é, que a personalidade é caracterizada pela *liberdade, individualidade, integração social e tensão religiosa*. Estes quatro princípios são essenciais para a personalidade humana, como veremos a seguir. Para apresentar uma definição mais completa, poderíamos dizer que a personalidade é a concretização do processo da vida num indivíduo livre, socialmente integrado e consciente do espírito.

1. A personalidade é determinada?

A descrição determinante da personalidade é apresentada mais viva e persuasivamente pela psicanálise freudiana. Inquestionavelmente, Freud entrará para a história como um dos pensadores mais influentes de nosso século. Ele é um divisor de águas na história da luta do homem por compreender-se a si mesmo. Na verdade, Freud até certo ponto roubou da humanidade o *luxo* de ser hipócrita e desonesta – o que em parte explica por que foi atacado tão violentamente*.

Freud nasceu numa era que necessitava da psicanálise. O século XIX de tal forma fragmentou a natureza humana, dividiu a vida em compartimentos e reduziu a vida moral a uma questão de decisões superficiais, que a psicanálise de Freud era muito necessária. Só à luz de nossa necessidade pode-se explicar a ampla influência da psicanálise. Freud veio mostrar-nos que a personalidade era muito mais complexa do que nossos pequenos sistemas deixavam transparecer. Ele descobriu que a "profundidade" da natureza humana estava contida nos domínios profundos e poderosos do inconsciente. O fato de ter centralizado o sexo como o mais influente

---

* Remetemos o leitor para o breve esboço histórico do movimento da psicoterapia. Ver nota 1, do capítulo I.

dos instintos humanos, embora fosse uma posição muito extremada para ser aceita em seus detalhes, era uma reação inevitável ao moralismo vitoriano hipócrita, que supunha poder ignorar o fator sexo na vida, extirpá-lo e atirá-lo fora e então, alegremente, continuar a viver na "inocência".

Ao explorar as motivações do inconsciente das pessoas, Freud remexeu muita coisa que era feia demais para ser agradável a uma geração que tentava resolver todas as questões no "centro imediato da decisão", protelando assuntos morais pela assinatura de documentos, e problemas internacionais pela assinatura de tratados. Freud nos mostrou o lado feio da natureza humana. Se alguém ainda não acredita que a natureza humana tem um lado feio – representado por lascívias primitivas e crueldades selvagens – que olhe apenas para o estado de nosso mundo moderno devastado pela guerra. O nosso narcisismo nos levou a condenar Freud como um incentivador da difamação e da pornografia. Mas, como diz Jung, "somente um grande idealista poderia ter dedicado sua vida a desenterrar tamanha imundície".

Freud foi um gênio analítico. Inventou um sistema para analisar a personalidade humana, chamada psicanálise, que ensina aos aconselhadores muita coisa valiosa sobre a função da mente humana[1]. Ele observou que os ajustamentos dentro da mente do indivíduo podem entrar numa desordem caótica devido a "repressões". Essas repressões, na realidade, significam que a pessoa está sendo desonesta consigo mesma. O processo é mais ou menos assim: um impulso instintivo força a passagem do interior do *id* (o caldeirão borbulhante de desejos, medos, tendências instintivas e toda sorte de conteúdos psíquicos do inconsciente) e busca expressão no mundo exterior. Mas o ego, localizado no limiar da consciência, a meio caminho entre o *id* e o mundo exterior, está ciente das proibições da sociedade contra a expressão desse desejo específico. Então ele recorre a algum ardil para reprimir o desejo. O ardil é um truque pelo qual o ego diz a si mesmo: "eu não quero exprimir esse desejo", ou "ao invés daquilo, vou fazer isto". Mas a repressão significa apenas que o impulso vai forçar novamente uma saída de outro modo – desta vez sob a forma de algum sintoma neurótico, como a ansiedade, o embaraço, ou o esquecimento, ou mesmo alguma forma mais séria de psicose.

Quando um paciente neurótico se submete a um tratamento com algum psicanalista freudiano, o analista faz com que ele verbalize associações, procedimento conhecido como "livre associação". Durante essa "confissão", como é chamada, o analista fica à espreita de sinais de alguma repressão, como a hesitação do paciente em algum ponto crucial, ou o esquecimento, ou mostras de grande embaraço. Estas inibições ou bloqueios indicam uma falta de unidade na mente do paciente, uma falta de livre fluxo das tendências instintivas partindo de sua fonte inconsciente para a consciência e daí para a realidade. Esses sintomas são as boias que indicam a existência de conflitos psicológicos subjacentes. Torna-se, então, função do analista identificar esses conflitos, trazendo-os do inconsciente para a claridade e, no caso de um conflito sério, aliviá-lo pelo processo da catarse psicológica, chamado ab-reação. O resultado visado é desemaranhar a mente do paciente, livrá-lo de seu "complexo" e restabelecer assim uma certa unidade funcional em sua mente.

Isso o deixa livre para elaborar alguma expressão mais satisfatória de seus impulsos instintivos na realidade. Ou, se esta expressão for impossível, o paciente pelo menos será levado a aceitar, franca e conscientemente, a necessidade da renúncia. O processo central da psicanálie consiste em retirar o conflito das trevas do inconsciente para a luz da consciência, onde ele pode ser reconhecido e razoavelmente manipulado. Freud diz: "Nossa utilidade consiste em substituir o inconsciente pelo consciente, em transladar o inconsciente para dentro do consciente"[2].

Dentre as valiosas contribuições que esse sistema de psicanálise traz para nossa compreensão da mente humana está, em primeiro lugar, o *insight* que ele nos dá da fabulosa extensão e potência do reino do inconsciente. A exploração dessa obscura hinterlândia, da qual surgem as grandes forças e motivações da vida, colocou nossa compreensão dos seres humanos em bases muito mais seguras. A psicanálise também mostra que devemos levar em consideração muito mais coisas que simplesmente o ego consciente. Este pobre "general", na realidade, tem pouco poder de decisão, pois é batido de um lado para outro pelas forças instintivas do *id*, pelo mundo exterior e pelo superego (consciência). Por isso, a vida deve ser orientada para níveis bem mais profundos do que o da mera vontade consciente. Finalmente, a psicanálise freudiana prova que não podemos alcançar sucesso na vida moral através de um recurso tão simples quanto a mera repressão de qualquer tendência que a sociedade, ou o nosso próprio superego, acha intragável.

Mas o perigo do sistema freudiano de análise surge quando ele é tomado como uma interpretação determinista da personalidade como um todo[3]. O sistema pode simplesmente tornar-se um esquema de causa e efeito: o impulso instintivo bloqueado leva à repressão, esta leva ao complexo psíquico e este, por sua vez, à neurose. E a cura consiste, teoricamente, na mera reversão do processo: observar o sintoma neurótico, identificar o complexo, remover a repressão e, em seguida, ajudar o indivíduo a exprimir mais satisfatoriamente seus impulsos instintivos. Não queremos dizer que a terapia freudiana em sua prática seja tão simples assim. A terapia tem aspectos muito mais criativos e consegue sucesso precisamente por não se prender, estritamente, à teoria da causa e efeito. O perigo reside na influência da teoria freudiana ao construir uma visão determinista e mecanicista da personalidade na mente do público mal informado. As pessoas acabam concluindo que são vítimas de seus impulsos instintivos e que sua única salvação está em dar livre curso à libido sempre que o impulso surgir.

Certamente o sistema de causa e efeito é válido para certos aspectos da mente. Mas é um erro fazer generalizações partindo dessa área limitada, o que implicaria em dizer que os princípios deterministas e da causalidade explicam a personalidade em seu todo. Freud foi seduzido pela sistematização prática e acessível da ciência natural e usou-a como um leito de Procusto, no qual ele deita a personalidade humana e a obriga a adaptar-se[4]. Essa falácia surgiu da incapacidade de reconhecer as limitações do método científico. Embora a objetividade da ciência nos auxilie enormemente a chegar a uma compreensão útil de certas fases dos fenômenos mentais humanos, imaginar que todos os aspectos criativos, muitas vezes imprevisíveis e certamente intangíveis da mente humana, possam ser reduzidos a princípios mecanicistas de causa e efeito é simples loucura. Consequentemente, a "psicologia da ciência natural" de Freud, como Rank a chama, desviou-se em suas teorias para um determinismo final da personalidade.

Se um determinismo dessa espécie for aceito, a responsabilidade humana é destruída. O ladrão pode dizer: "Não fui eu que roubei a maçã, foi minha fome". E o que dizer da intenção, da liberdade e da decisão criativa do indivíduo? Ora, estas coisas são básicas na personalidade, como veremos mais adiante.

Na realidade, um dos pressupostos básicos em toda psicoterapia é que os pacientes devem, mais cedo ou mais tarde, aceitar a responsabilidade por si mesmos. Por conseguinte, o determinismo pessoal que os excusa da responsabilidade torna-se afinal um obstáculo à restauração de sua saúde mental. O determinismo de causa e efeito só é válido para uma área limitada, ou seja, a área da neurose de repressão-complexo. Quando o paciente é libertado do complexo, torna-se responsável pela elaboração criativa do destino de seu próprio futuro.

As pessoas neuróticas, segundo minha experiência, são, amiúde, exatamente aquelas que tendem a possuir uma personalidade determinista da vida. Elas procuram culpar outra coisa qualquer por seus problemas – seus pais, seu ambiente de infância, seus colegas. Elas parecem alegar: "qualquer coisa, contanto que eu não seja culpado". Isso é compreensível, pois se elas admitissem sua responsabilidade, estariam forçadas a tomar uma iniciativa no sentido de superar a neurose. Naturalmente existe um número infinito de fatores determinantes em qualquer problema de personalidade.

Mas por baixo de tudo isso existe na autonomia própria do indivíduo um ponto de responsabilidade e de possibilidade de desenvolvimento criativo – e esse é o fator significativo.

Um homem de meia-idade, gerente de um pequeno negócio numa cidadezinha com quem lidei recentemente, tinha o hábito de discutir o determinismo com muita veemência. Ele citava experimentos com macacos e toda sorte de paralelos pseudocientíficos rebuscados e parecia inclinado a provar a todo custo que o homem não era mais responsável por suas ações do que o eram os cães de Pavlov pelo surgimento da saliva em suas bocas, quando o estímulo apropriado era apresentado. A propósito, quando uma pessoa discute como se sua própria vida dependesse da discussão, podemos estar certos de que por trás de sua paixão existe mais do que um simples interesse objetivo pela verdade. Ela provavelmente estará tentando poupar seu próprio esquema neurótico de algum distúrbio. Realmente, vim a saber que esse homem havia sistematicamente fracassado em vários empregos, desde sua formatura na faculdade. Falava de sua faculdade com embaraço e, mesmo assim, apenas para frisar que a educação universitária não era muito útil para a vida. Podemos concluir que esse homem *tinha* que acreditar no determinismo, já que fracassara em sua própria vida. Era a desculpa que o aliviava do peso opressivo de seu senso de fracasso. Estava fadado a ser um determinista, *em função de seus erros.* Mas a própria veemência com que discutia dava provas de seu sentimento de culpa subconsciente por seus fracassos. Ele discutia o determinismo precisamente porque possuía uma profunda convicção de que não era totalmente determinado.

É certo que o determinismo funciona em alguns casos, mas esses são casos neuróticos. Neurose significa uma capitulação diante da liberdade, a submissão do si-mesmo a fórmulas rígidas de treinamento. Como consequência, a personalidade nesse ponto torna-se uma máquina. A saúde mental significa uma restauração do senso de responsabilidade pessoal e, logo, uma restauração da liberdade.

2. A liberdade da pessoa

A liberdade é um princípio básico, uma condição *sine qua non* da personalidade. É por essa característica que separamos os seres humanos dos animais, uma vez que o ser humano tem a capacidade de quebrar as fortes cadeias do estímulo-resposta que escravizam os animais. A mente sã é capaz de ter impulsos diferentes num estado de equilíbrio indeciso e, finalmente, tomar a decisão pela qual um dos impulsos prevalece. O primeiro pressuposto da personalidade humana é a posse dessas possibilidades criativas, que são sinônimas de liberdade.

Não é propósito desse livro penetrar nas provas filosóficas da liberdade humana, mas tão somente notar que, do ponto de vista psicológico, é essencial acreditarmos na liberdade para termos um quadro adequado da personalidade e, assim, aconselharmos eficazmente. Isso não deve ser chamado "liberdade da vontade", pois implicaria em que uma *parte* específica do homem é livre e resultaria em discussões infindáveis acerca do determinismo metafísico, o que não levaria a nada[5]. Ao invés, a pessoa possui a liberdade como uma qualidade de seu ser total. Mas isso não significa que não exista um número infindo de influências determinantes agindo sobre o indivíduo de todos os lados e em todos os momentos – muito mais forças determinantes do que o século passado imaginava, ao dar ênfase ao simples "esforço". Mas, a despeito do número de forças determinantes que afetam a John e Jane Doe, existe, no final, um elemento com o qual o senhor ou a senhora Doe moldam os materiais da hereditariedade e de ambiente dentro da sua estrutura própria e única. Tecer argumentos contra a liberdade só dá provas mais fortes dela. Pois um debate e qualquer tipo de discussão razoável, ou mesmo o simples formular perguntas, pressupõe essa margem de liberdade.

Os estudantes vêm muitas vezes ao aconselhador defender certo ponto de vista inconsequente, baseados num conhecimento superficial da ciência natural, conhecimento esse apenas suficiente para lhes permitir ver sua força, mas não suas limitações. Se vier à baila um problema de personalidade, o aconselhador não deve discutir a questão diretamente – o aconselhamento nunca é um debate. Deve o aconselhador mostrar as possibilidades e assim, gradativamente, levar o estudante a uma aceitação da responsabilidade por sua conduta e seu futuro.

O psicoterapeuta Otto Rank já explicou de forma definitiva a importância da liberdade e da responsabilidade na psicoterapia[6]. Tendo sido um dos discípulos mais chegados a Freud, Rank foi finalmente forçado a romper com o mestre, por Freud não admitir a centralidade da vontade criativa no tratamento psicanalítico[7]. Rank sustenta que, em última análise, devemos admitir que o indivíduo cria sua própria personalidade pelo querer criativo e que a neurose é devida, precisamente, ao fato de o paciente não conseguir querer construtivamente[8].

É possível crescer na liberdade. Quanto mais saudável mentalmente a pessoa se tornar, tanto mais será ela capaz de moldar criativamente os materiais da vida e, por conseguinte, mais senhora será de seu potencial de liberdade. Por isso, quando o aconselhador ajuda um aconselhando a superar seu problema de personalidade, na verdade ajuda-o a tornar-se mais livre.

Podemos resumir, sob a forma de um guia de aconselhamento, nosso primeiro princípio da personalidade, ou seja, a liberdade: *É função do aconselhador levar o aconselhando a aceitar a responsabilidade pela direção e pelos resultados de sua vida*. O aconselhador deve mostrar-lhe como são profundas as raízes da decisão e como toda a experiência passada e as forças do inconsciente devem ser levadas em conta. Mas, ao final de tudo, deve ajudar o aconselhando a apropriar-se de suas possibilidades de liberdade e usá-las.

3. Individualidade na personalidade

O segundo princípio básico da personalidade é a individualidade. A pessoa que vem ao aconselhador com um problema de personalidade o faz porque não consegue ser ela mesma – não consegue, em outras palavras, individualizar-se. Rank diz muito bem: "O tipo neurótico, que até certo ponto todos nós representamos, sofre pelo fato de não poder aceitar a si mesmo, de não poder suportar-se, fazendo então uma outra imagem de si mesmo"[9].

Afinal, a pessoa só pode contar consigo mesma para viver e enfrentar o mundo. Por mais que a pessoa deseje, se ela não puder ser ela mesma, nunca conseguirá assumir um outro si-mesmo. Todo si-mesmo é diferente de qualquer outro si-mesmo. Ele é único e a saúde mental depende da aceitação dessa singularidade.

Consideremos a infinita variedade das pessoas! Uma multidão num *shopping center* parece mover-se como uma fila de bolinhas de gude, todos com a mesma fisionomia sem expressão – mas olhemos por trás da máscara protetora e perceberemos a maravilhosa variedade e singularidade das características de cada indivíduo. O aconselhador ficará constantemente deslumbrado com a singularidade e originalidade de cada história que lhe contam. Às vezes, após uma exaustiva série de entrevistas, começo a julgar, subconscientemente, que já devo ter encontrado todos os tipos possíveis de pessoas e que o próximo aconselhando deverá ser apenas uma repetição enfadonha. Todavia, mal esse próximo aconselhando começou sua história, reconheço que ali está um romance emocionante que nunca li. Fica-se completamente maravilhado com a engenhosidade da natureza ao criá-los "macho e fêmea", e a todos diferentes. O aconselhador sente vontade de exclamar com o salmista: "Quando contemplo vossos céus, o trabalho de vossas mãos... O que é o homem?... Vós o criastes um pouco menor que os anjos, e o coroastes com a glória e a honra". É esta singularidade de cada pessoa que nós, como aconselhadores, procuramos preservar. A função do aconselhador é ajudar o aconselhando a ser o que o destino pretendia que ele ou ela fossem.

Os erros da vida ocorrem quando o indivíduo tenta representar algum papel que não o seu. O estudante que reiteradamente incide no mesmo erro nas funções sociais não pode ser rotulado como inatamente grosseiro. Ele pode estar dominado por um medo interno que o faz tentar representar um papel que não é o seu e, naturalmente, o resultado é um erro grave. Muitos exemplos de permissividade sexual juvenil devem ser entendidos como um resultado do medo de serem eles mesmos e o consequente agarrar-se desesperadamente a outro papel. Embebedar-se é, obviamente, uma forma de fugir de si mesmo. Quando um jovem fica um tanto "alto" antes de uma festa, está preparando o terreno para não precisar ser ele mesmo durante a festa. A pergunta oportuna não é: por que ele bebe tanto, mas sim: por que ele sente necessidade de fugir de si mesmo? Segue daí que devemos montar um programa social para os nossos jovens, dentro do qual eles possam ser eles mesmos e encontrar nisso satisfação. Atividades sociais desse tipo seriam o melhor exercício para a saúde da personalidade.

É óbvio que a psicoterapia trabalha fundamentalmente sobre esse princípio da individualidade. Rank tem-no como o objetivo de seu método: "Numa palavra, o objetivo é o autodesenvolvimento, isto é, o desenvolvimento da pessoa em direção àquilo que ela realmente é"[10].

O julgamento definitivo sobre o assunto foi dado pelo renomado psicólogo suíço C.G. Jung. Seu trabalho intitulado *Tipos psicológicos* foi tão oportuno para as necessidades modernas, que seus termos "introvertido" e "extrovertido" foram incorporados à linguagem popular. O extrovertido vive de forma a corresponder às condições objetivas ou às exigências originadas fora dele. Como o homem de negócios, ou o soldado, ele tende a enfatizar a atividade[11]. O introvertido, por sua vez, é orientado primariamente para dados subjetivos. Poetas, filósofos e amantes da pesquisa científica tendem a cair nessa categoria. Não existe naturalmente nenhuma linha divisória bem estabelecida. Todos nós temos tendências mais ou menos introvertidas e extrovertidas. Jung reconhece que seu sistema, aqui apresentado muito mais sumariamente do que ele o fez, é simplesmente um quadro de referência que proporciona apenas indicações muito gerais. Não é correto nem útil rotular pessoas. O próprio Jung, significativamente, é o psicoterapeuta que mais ênfase dá à individualidade. É útil mantermos um quadro bastante flexível de categorias para referências, mas é preciso lembrar que no final deve existir uma categoria única para cada indivíduo.

Na América existe uma tendência de identificar a extroversão com personalidade saudável e a introversão com personalidade enferma. Nós, americanos, temos tendência à extroversão por causa de nossos antecedentes ativistas e pioneiros e de nossa atual preocupação com o mundo dos negócios e com a indústria, tudo isso ligado a uma precária ênfase dadas as atividades culturais, especialmente do passado. É um engano nocivo julgar que o *nosso* tipo específico é o único saudável. O jovem que é essencialmente um artista, um filósofo dado a reflexões, ou um devoto da pesquisa científica, pode ser levado a tornar-se psicologicamente enfermo, se forçado a assumir o posto de balconista. É claro que a precaução para não se tornar introvertido *demais* é salutar, e é muito mais perigoso ser demasiadamente introvertido do que extrovertido, pois podemos contar com a ajuda da sociedade para afastar o extrovertido de suas tangentes egocêntricas. Mas a finalidade última é fazer com que a pessoa encontre seu papel singular e único.

O erro mais pernicioso que muitos aconselhadores cometem é tentar encaixar o aconselhando à força dentro de um tipo específico – geralmente o tipo a que ele mesmo pertence. Se o aconselhador não se filiou a nenhum grêmio durante seus anos de faculdade, julga que é melhor ao estudante não se filiar também. Se o professor "queimou as pestanas", estudando durante o curso de graduação, aconselha ao segundanista deixar de lado um pouco as atividades sociais e mergulhar nos livros. Esses são exemplos grosseiros, mas que deixam bem clara a questão, ou seja, existe sempre uma tendência perniciosa no aconselhador de ver o aconselhando dentro das categorias de suas próprias atitudes, segundo seus padrões morais e dentro da estrutura geral de sua personalidade. Consequentemente, tem a tendência de projetar seus padrões sobre o aconselhando, violando assim a autonomia de sua individualidade.

Existe bom fundamento, portanto, para o conselho tão popularizado: "Seja você mesmo". Todavia, pouco adianta dizer simplesmente à pessoa que "seja ela mesma", pois o problema é precisamente ela não saber quem realmente é. O aconselhador percebe muitas vezes uma série de "si-mesmos" em conflito. Logo, dizer-lhe simplesmente que seja ela mesma, é piorar ainda mais a confusão. Ela precisa em primeiro lugar *achar* a si mesma. E é aqui que entra o aconselhador.

A função do aconselhador é ajudar o aconselhando a encontrar o que Aristóteles chama de "entelequia", o elemento singular existente dentro da semente do carvalho, que a destina a tornar-se um carvalho. Jung diz: "Cada um de nós traz em si sua constituição específica de vida, uma constituição indeterminável que não pode ser substituída por outra"[12]. Esta constituição de vida, o verdadeiro si-mesmo, alcança profundidades na mente do indivíduo muito maiores do que a mera consciência. A consciência pode até mesmo apresentar um reflexo distorcido dela. O indivíduo encontra-se a si mesmo ao unir seu si-mesmo consciente a vários níveis de seu inconsciente.

Nesse ponto torna-se necessário descrever e definir mais claramente esse importante domínio do inconsciente. Todos já experimentaram o fato de apenas uma pequena porção do seu conteúdo mental estar consciente num dado momento. O conteúdo mental move-se através da consciência numa corrente – comparável, talvez, ao movimento do rolo de um filme que, atravessado pela luz do projetor, projeta na tela uma imagem que muda constantemente. Na antiga comparação, a porção consciente da mente está em relação à porção inconsciente, assim como a ponta do *iceberg* que aparece acima da água está para sua massa muito maior sob a superfície. Certamente nossas mentes chegam a profundidades infinitamente maiores do que qualquer área momentânea da consciência. A profundidade exata não a podemos determinar, pois inconsciente significa "desconhecido". Podemos apenas postular o inconsciente e observar sua manifestação funcional. As pessoas que se habituaram a pensar apenas dentro dos termos limitados da ciência exata às vezes hesitam em postular o inconsciente. Mas não fazê-lo significa amputar a grande massa de nossa vida mental. Pois o que seria de todas as lembranças, experiências passadas e os conhecimentos *ad infinitum* que não estão em nossas mentes conscientes neste determinado momento, mas que podemos evocar em qualquer ocasião? Teoricamente, nenhuma experiência se perde. Nada realmente se esquece e as experiências da infância deixam suas influências na pessoa, mesmo que ela se mostre indiferente e ache que o assunto morreu para sempre. O esquecimento e a memória, além de outros problemas do inconsciente, são questões complexas sobre as quais ainda temos muito que aprender.

Nossa interpretação funcional descreve o inconsciente como um grande celeiro, contendo todo tipo de material psíquico: temores, esperanças, desejos e todas as formas de tendências instintivas. Mas o inconsciente melhor se compara a um dínamo do que a um silo, pois dele saem os impulsos e as tendências aos quais a consciência apenas indica a direção. Jung diz acertadamente: "Via de regra, as grandes decisões da vida estão muito mais relacionadas aos instintos e aos outros fatores inconscientes e misteriosos do que à vontade consciente e à razão bem-intencionada"[13].

O inconsciente pode ser visto como uma série de níveis. Esse conceito corresponde à experiência atual, pois uma experiência de infância parece ser muito "mais profunda" do que uma ocorrida ontem. Freud falou do "pré-consciente" como a porção do inconsciente imediatamente abaixo da consciência. Esse material pré-consciente que pode surgir com facilidade na consciência, somado às experiências da infância e ao material reprimido, podemos denominá-lo "inconsciente pessoal".

Na medida em que penetramos mais profundamente no inconsciente, achamos cada vez mais material que a pessoa tem em comum com outros indivíduos. Jung dá o nome adequado de "inconsciente coletivo" a esses níveis mais profundos. O francês, por exemplo, ou o cidadão norte-americano guarda muito material em seu inconsciente que não adquiriu por experiência pessoal, mas que absorveu de seu grupo nacional. Isso deverá ter certa correlação com a história de sua nação, mas que é transmitido através de vias mais profundas do que aulas de História e leituras de texto. Embora o americano moderno esteja várias gerações distante dos primitivos pioneiros de seu país, as experiências destes se fazem sentir com certa força no seu inconsciente. Nas sociedades primitivas, onde a consciência coletiva é maior, é difícil dizer onde terminam as experiências dos ancestrais e onde começam as experiências dos habitantes hodiernos. Uma camada mais profunda do inconsciente é a que temos em comum com os outros membros de nossa raça, ou mais profunda ainda aquela possuída coletivamente por todos os membros do mundo ocidental.

E, finalmente, existem certas estruturas no inconsciente que o indivíduo possui em comum com toda a humanidade. Jung as chama "arquétipos", ou "imagens primordiais" – que são definidos como as estruturas ou formas de pensamento que o ser humano possui simplesmente por ser humano. Esses arquétipos relacionam-se às estruturas básicas da mente humana. Isso explica por que a mitologia, embora tendo surgido entre povos de diversas raças e em diversos períodos da história, apresenta certas características comuns.

O inconsciente coletivo é herdado ou adquirido através da cultura? A resposta de Jung é direta: "Entendemos por inconsciente coletivo uma certa sedimentação psíquica, modelada pelas forças da hereditariedade"[14]. Na verdade, a origem do inconsciente coletivo não é o problema em questão. Observamos como ele trabalha funcionalmente. Partindo desse ponto de vista, certamente é verdade que essas ideias básicas, como aparecem mesmo nas criações mitológicas das crianças, provêm de algo mais profundo, mais orgânico do que qualquer coisa que o indivíduo possa ter aprendido de seus educadores. Ideias específicas naturalmente são adquiridas do meio ambiente, e não estamos afirmando que todas as ideias humanas sejam "inatas". Contudo, deve haver algo de estrutural na mente, comparável à forma estrutural do corpo, que se desenvolveria obedecendo a certas linhas gerais, mesmo que o indivíduo fosse isolado na ilha de Crusoé. Platão já se debatia com esse mesmo problema difícil, ou seja, descrever a atividade do inconsciente coletivo, quando explicou mitologicamente que o homem nasce com certas ideias que traz de sua existência anterior nos céus. Assim, Platão julgava que o conhecimento fosse como que uma reminiscência, ou um processo de extração daquilo que já existe no inconsciente[15].

Desse inconsciente coletivo da humanidade florescem as artes, a filosofia, a religião e a melhor poesia. O grande artista (Ésquilo, Dante ou Shakespeare) extrai essas camadas profundas de dor e alegria, de medo e esperança humanos e, trabalhando-as como um artesão, expressa as formas eternas nelas existentes[16]. Uma obra clássica de literatura ou de arte em geral é a expressão das imagens psíquicas que o indivíduo tem em comum com todos os seus semelhantes. Mais tarde discutiremos as implicações da localização da religião dentro do inconsciente coletivo. Por enquanto, notemos apenas que a "consciência" adquire aqui um novo valor. A consciência é algo mais do que o simples resíduo da educação no lar, é mais do que uma expressão de solidariedade social. Ela remonta às misteriosas origens de nosso ser.

Voltemos à pessoa que vem ao aconselhador com um problema de personalidade. Ela necessita encontrar seu verdadeiro si-mesmo. Isto é conseguido quando se alcança um certo grau de unidade entre a consciência, os níveis inconscientes de sua experiência de infância, as camadas mais profundas do inconsciente coletivo e, finalmente, aquela fonte de onde sua mente se origina, lá na própria estrutura do universo. Entende-se claramente agora por que a pessoa neurótica nunca conseguirá a saúde, enquanto culpar a educação que teve na infância por seu problema. Pois ela é, em parte, essa educação na infância e, ao combatê-la, estará lutando contra si mesma. Da mesma forma, o indivíduo que está constantemente em luta com a sociedade nunca chegará a uma personalidade saudável, pois está combatendo certas forças do inconsciente coletivo de sua própria mente.

Finalmente, aquele que luta contra o universo, negando-lhe significado e tentando cortar qualquer relação com ele, está na verdade combatendo o ponto mais profundo de si mesmo, que estabelece sua ligação com o universo. Esta é outra forma de dizer que a pessoa tem as raízes de seu inconsciente coletivo na estrutura criativa do universo, que é o Infinito. Ao duelar contra o Infinito, a pessoa está na verdade transpassando com o florete as áreas mais profundas de sua própria alma. A discussão desse assunto importante deve ficar reservada para o último capítulo. Basta dizer aqui que, quando o indivíduo realmente se encontra, ele encontra sua sociedade e encontra suas raízes nas fontes espirituais do universo.

Da individualidade, o segundo princípio da personalidade, derivamos o seguinte guia de aconselhamento: *É função do aconselhador auxiliar o aconselhando a achar o seu si-mesmo verdadeiro e então ajudá-lo a ter a coragem de ser esse si-mesmo.*

II
A PROCURA DO SI-MESMO

A personalidade não pode ser entendida fora de seu contexto social. Esse contexto social – a comunidade de outras pessoas – dá personalidade a um mundo, sem o qual ela não teria sentido. O contexto social fornece os pinos onde a personalidade fixa as linhas de tensão de sua teia. Já constatamos isso por experiência própria, pois todos nós usamos as outras pessoas como pontos de referência. Movimentamo-nos tanto em torno de nossos amigos, quanto de nossos inimigos.

1. Integração social

Assim, a terceira característica da personalidade saudável é a *integração social*. Esse aspecto é considerado tão importante que as pessoas adquiriram o hábito de julgar que problema de personalidade significa problema social e que, se um indivíduo é bem-sucedido socialmente, deve já ter resolvido seus problemas de personalidade. Naturalmente isso pressupõe uma visão muito superficial da personalidade – o que acontece quando a palavra é profanada em anúncios de cosméticos e de "como-ser-um-sucesso-social", por exemplo. Contudo, encarando-se a questão em profundidade, um ajustamento social significativo é básico para a personalidade, pois é necessário que a pessoa se mova dentro de um mundo constituído de outras pessoas.

Uma das principais características da pessoa neurótica é sua incapacidade de lidar com outras pessoas. Desconfia demais dos outros, acha que a sociedade é uma inimiga e atravessa a vida como se estivesse dentro de um carro blindado. Recentemente um homem contou-me que passara as férias tentando afastar-se dos parentes e comentou por acaso: "Não confio em ninguém". Embora seja uma observação comum, é um sinal seguro de uma atitude neurótica frente à sociedade. Um indivíduo desses está condenado a viver só, pois impõe a si mesmo o isolamento e a posição desagradável de um soldado que, colocado no topo de uma montanha com sua metralhadora, luta unicamente por si mesmo.

No que se refere à integração social devemos muito a Alfred Adler[1], esse outro vienense que, juntamente com Freud, fez de Viena o berço da psicoterapia. O Dr. Adler ressaltou em seus trabalhos psicológicos iniciais, nos primeiros anos deste século, que o neurótico se caracteriza especialmente pela incapacidade que tem de relacionar-se com as outras pessoas e o mundo social. Adler observou também que ninguém pode separar-se de seu grupo social e gozar de boa saúde, pois a própria estrutura de sua personalidade depende da comunidade. A criança não teria nascido, não fosse um ato social realizado pelos pais, e não teria sobrevivido um dia sequer, não fossem os cuidados da família. A todo momento qualquer indivíduo depende de inumeráveis pessoas de seu tempo e do tempo passado. Para se ter uma visão mais viva dessa interdependência social, basta simplesmente recordar a longa fila de pessoas das quais dependemos para comer o pão de cada dia, ou para saber dizer a tabuada de multiplicar. Vivemos numa constelação social em que cada indivíduo depende do outro, assim como as estrelas das constelações solares se prendem às linhas de força gravitacional, emanada dos demais corpos celestes. De fato, essa teia de interdependência inclui, teoricamente, todos os indivíduos que vivem ou já viveram. Muito embora alguém possa negar essa interdependência e lutar contra ela, como o fez Nietzsche, ainda dependerá dela até mesmo no próprio ato de atacá-la. O senso de interdependência brota constantemente do inconsciente coletivo do indivíduo misantropo que se recusa a admiti-la conscientemente. Adler chama essa interdependência de "o amor e a lógica que nos unem uns aos outros".

Opondo-se ao conceito da libido sexual de Freud, Adler vê a força dinâmica do indivíduo como a procura do poder. Existe um impulso dentro do indivíduo (no centro do si-mesmo, que denominamos "ego") de alcançar uma superioridade sobre seus semelhantes e de obter uma posição de segurança que não possa ser ameaçada[2]. Esse conceito é semelhante, mas não idêntico aos conceitos de "vontade de poder" de filósofos como Nietzsche e Schopenhauer. A "vontade" de Adler é mais uma "vontade de prestígio". É aquele impulso básico do indivíduo que faz com que ele tenda a romper a teia de interdependência social e, por ambição competitiva e vaidade, colocar-se acima de seus semelhantes[3].

Isso nos leva à mais famosa contribuição da psicologia adleriana ao pensamento moderno: o conceito de inferioridade. O sentimento de inferioridade é universal (Não devemos chamá-lo de "complexo", enquanto não se tornar definitivamente neurótico). Todo indivíduo o possui como parte de sua condição de ser humano. John Doe sente-se inferior às pessoas que o cercam numa determinada área de atividade social e fica embaraçado (esquecendo-se que eles também se sentem inferiores a ele). Os Brown sentem-se inferiores a seus vizinhos, os Jones, e daí seu esforço no sentido de "manter-se no mesmo nível deles". A vendedora Black tem um sentimento de inferioridade em relação a seu emprego e passa então a invejar o sucesso das outras pessoas. E o mundo dos negócios, marcado pelo esforço de cada negociante superar os outros, torna-se uma escaramuça de competição impiedosa. São surpreendentes as formas olímpicas que o sentimento de inferioridade assume. Esopo diria que o cão que ladra mais ferozmente é o que sente mais medo.

Esse sentimento de inferioridade universal tem suas raízes na verdadeira inferioridade da criança, que vê os adultos exercer uma força que ela não possui. Podemos também identificá-lo em parte no sentimento de inferioridade do homem primitivo em sua luta contra os animais ferozes. No dente por dente e pata por pata, o homem era uma presa fácil dos animais, daí a necessidade de o homem compensar sua fraqueza física com a agilidade mental. O desenvolvimento da civilização pode, até certo ponto, ser considerado compensativo, isto é, uma consequência do esforço do homem por superar sua inferioridade.

Uma vez que todos nós possuímos o sentimento de inferioridade, este não deve ser considerado anormal em si mesmo. Na realidade, agindo juntamente com a vontade de prestígio, esse sentimento de inferioridade nos fornece a principal fonte de força motriz. O problema é utilizar essa força não em esforços antissociais, que destroem a constelação social, mas em esforços construtivos, que contribuem para o bem-estar de nossos semelhantes.

Mas um sentimento de inferioridade exagerado conduz a um comportamento neurótico, pois o ego passa a buscar o poder com um empenho anormalmente forte. Quanto mais "por baixo" ou menor o indivíduo se considera, tanto mais desesperadamente lutará no sentido de colocar-se "por cima". O sentimento de inferioridade e a vontade de prestígio são meramente dois aspectos do mesmo impulso interno do indivíduo. Assim, podemos inferir que, por trás de uma enorme ambição, oculta-se um profundo (embora possivelmente inconsciente) sentimento de inferioridade. A todo momento encontramos exemplos históricos que provam esse fato. O que se chama de "complexo de superioridade" é, pela mesma razão, simplesmente o reverso de um sentimento de inferioridade subjacente. Por sentir-se inferior, o ego assume uma fachada especial de superioridade e faz questão de mostrá-la a todos.

Neste esquema de esforço por prestígio, a depreciação das outras pessoas é proporcional à elevação do próprio indivíduo, pois à medida em que elas descem, automaticamente o indivíduo adquire maior superioridade. Isso explica o prazer que as pessoas encontram na maledicência. Todos já sentiram essa tendência de depreciar os outros, para elevar seu próprio prestígio. O indivíduo normal mantém essa tendência sob controle e procura orientar esses esforços para interesses sociais. Mas o neurótico orienta esses esforços numa linha antissocial e tenta subir, usando as outras pessoas como degraus de uma escada. Dessa forma, ele move uma guerra contra a própria estrutura à qual deve sua existência. Corta suas próprias raízes – o que traz, inevitavelmente, a doença mental. Adler, por conseguinte, define a neurose como um esforço antissocial pelo poder.

Segundo Adler, os pecados capitais que estão constantemente destruindo a cultura e a felicidade humanas são a *vaidade* e a *ambição*, as duas expressões do ego dominador. Os americanos acham difícil ver a ambição ser chamada de pecado, pois nós a consideramos uma virtude. Mas Adler, na verdade, se refere à "ambição antissocial". Somos obrigados a concordar com ele e afirmar que a ambição exagerada, como a que demonstram conquistadores históricos e modernos capitães da indústria, está arraigada mais na batalha do ego pelo poder do que no desejo de servir a humanidade.

Devemos distinguir entre o esforço normal e o esforço neurótico pelo poder. A ambição normal provém da força, é uma função natural do ser vivo e não é necessariamente antissocial. A ambição neurótica provém da fraqueza e da insegurança, e encontra sua satisfação na humilhação e domínio dos outros.

Isso prova a necessidade de coragem para se viver saudavelmente. Quando o indivíduo se reveste de coragem, livra-se da compulsão de seu sentimento de inferioridade e, consequentemente, não necessita mais lutar contra os outros. O medo causa grandes prejuízos nas relações humanas. Se o indivíduo misantropo recebe uma coragem básica, ele se verá repentinamente liberto de grande parte de sua insegurança e sentir-se-á capaz de cooperar com o grupo.

De acordo com o sistema adleriano, além da coragem, as maiores virtudes são o *interesse social* e a *cooperação*. Essas são as características do indivíduo saudável, que reconhece sua responsabilidade social, aceitando-a com alegria. Ao expressar-se por meios socialmente construtivos, o indivíduo torna-se capaz de realizar-se com sucesso, enquanto o misantropo, "procurando salvar sua vida" através do esforço egocêntrico, na verdade, acaba por perdê-la. O indivíduo saudável torna-se socialmente "integrado", o que, literalmente, significa obter "totalidade". Ele "renova" sua posição primordial como uma parte orgânica da comunidade, livrando-se assim das ansiedades neuróticas e dos pequenos medos e inibições. Adler diz: "Só o indivíduo ciente de pertencer à comunidade dos homens consegue viver sem ansiedade"[4].

Será a individualidade, ou seja, o segundo aspecto da personalidade, contrária à integração? Não como ideal. Shakespeare encara a questão assim:

Que a vosso próprio ser sejais sinceros
E daí deve seguir-se, como a noite ao dia,
Que não podereis ser falsos para com ninguém.

É verdade que superficialmente pode haver certa tensão entre a individualidade e a integração social. Para conviver bem com o próximo, muitas vezes temos que inibir certas expressões superficiais de individualidade. Mas, examinando mais a fundo o problema, percebemos não existir a incompatibilidade que as pessoas julgam haver entre a individualidade e a vida social. Através do inconsciente coletivo estamos unidos a nossos semelhantes até dentro de nós mesmos[5]. Conforme será discutido mais tarde, existe, na verdade, um elemento egocêntrico no homem que dificulta sua socialização autêntica. Mas esse elemento egocêntrico destrói também sua unidade dentro do si-mesmo. Na prática o aconselhador observará que, quanto mais integrado socialmente se tornar o aconselhando, mais ele descobrirá, no conjunto, sua individualidade própria e singular.

Derivamos do terceiro princípio da personalidade, ou seja, a integração social, o seguinte guia de aconselhamento: *É função do aconselhador auxiliar o aconselhando a aceitar com alegria sua responsabilidade social, dar-lhe a necessária coragem para livrá-lo da compulsão de seu sentimento de inferioridade e ajudá-lo a dirigir seus esforços para fins socialmente construtivos.*

2. A fonte do espírito

Já falamos neste capítulo a respeito do ponto de vista psicanalítico que afirma consistir a doença mental em uma dissociação da mente do paciente e dos conflitos psicológicos daí resultantes. Mencionamos também que o objetivo da psicanálise é reunificar a vida mental, trazendo o conflito do inconsciente para a consciência.

A partir da ênfase que a psicanálise dá à unidade mental, muitas pessoas acham que o indivíduo será tanto mais saudável quanto mais unidade alcançar em sua personalidade. Concluem daí que o ideal é uma unidade final e que, por conseguinte, os conflitos psicológicos são doentios por si mesmos. A ênfase dada por Jung à unificação da consciência do indivíduo com os vários substratos de seu inconsciente e a meta adleriana de alcançar a integração do indivíduo na sociedade dão igualmente margem à interpretação de que o objetivo último é uma unidade na mente do indivíduo.

Não há dúvida de que a pessoa neurótica sofre um colapso na unidade de suas funções mentais. Da mesma forma, é evidente que orientá-la para um ajustamento mais efetivo, que virá acompanhado de um estado de nova unidade, constitui um passo no processo de sua cura. Mas não é correto dizer que a simples e definitiva unidade no interior da personalidade é o ideal. Os devotados amadores da psicoterapia e parte do público em geral, que têm noções superficiais de psicanálise, interpretam mal a psicoterapia e simplificam demais a personalidade quando consideram que o objetivo é um estado de completo relaxamento, no qual a pessoa pode expressar prontamente todos os desejos instintivos e viver a vida dos comedores de lótus ou dos habitantes do céu maometano. Certas pessoas tendem a pensar que o objetivo da psicoterapia é colocar a todos num Jardim do Éden, onde todas as necessidades são satisfeitas e onde elas vagam num estado de felicidade perfeita que não pode ser perturbada por conflitos de ordem psicológica ou moral. Naturalmente, tudo isso é bastante estranho à condição humana e nenhum psicoterapeuta conceituado admitiria um ideal desse tipo.

Uma unidade definitiva da personalidade humana, além de impossível, é indesejável. Sabemos muito bem que uma existência no Jardim do Éden ou nos céus do tipo plácido e feliz significaria a morte daquilo que entendemos por personalidade, pois a personalidade é dinâmica e não estática, criativa e não vegetativa. Em vez de qualquer unidade definitiva, o que desejamos é um ajustamento novo e construtivo das tensões. Não desejamos extinguir totalmente o conflito, o que seria a estagnação. Desejamos, sim, *transformar os conflitos destrutivos em conflitos construtivos*.

Deve-se admitir que os psicoterapeutas deram margem ao desenvolvimento dessa errônea interpretação popular. Freud contribuiu para isso com seus pressupostos de ciência natural e com sua tendência de reduzir a personalidade a um determinismo de causa e efeito. De modo semelhante Adler errou em sua crença racionalista de que o conhecimento conduz à virtude. Por trás do desenvolvimento histórico da psicoterapia existem certas pressuposições racionalistas, românticas e naturalistas, que se prestam a essa supersimplificação. A tentação é encarar a personalidade como algo que cresce simples e naturalmente como plantas, como vem exemplificado pela afirmação de um terapeuta da escola adleriana, que assim definiu a função do psicoterapeuta: "Remover os obstáculos do caminho da personalidade, assim como se removem as pedras que dificultam o crescimento de uma flor, permitindo desta forma que ela se desenvolva naturalmente em direção ao sol". Tal confiança no desenvolvimento natural do ser humano em direção a um estado perfeito nos lembra Rousseau e, certamente, deve ser vista como uma fé romântica, carente de suficiente realismo.

Nota-se com clareza essa tendência à supersimplificação quando se lida com o problema do *sentimento de culpa*. Alguns psicoterapeutas procuram eliminar completamente o sentimento de culpa, tratando-o como um sintoma de doença mental e censurando a religião por intensificar o sentimento doentio de culpa em muita gente. Na verdade, estão certos no que se refere ao fato de que um sentimento de culpa exagerado está muitas vezes relacionado à neurose, e também de que a religião não devidamente esclarecida já favoreceu inúmeras vezes um sentimento de culpa mórbido em seus adeptos. Um exemplo é o caso de um ministro religioso que viveu durante vinte e sete anos atormentado por uma obsessão de pecado, que se revelou afinal puramente subjetiva, sem relação alguma com a realidade. É perfeitamente compreensível que Freud, especialista em fenômenos sexuais, tenha considerado doentio o sentimento de culpa, pois o século XIX atribuíra uma enorme taxa de culpa mórbida aos fenômenos sexuais[6]. Psicoterapeutas e aconselhadores devem unir-se no esforço para libertar as pessoas de sentimentos doentios de culpa.

Mas o sentimento de culpa nunca pode ser eliminado totalmente, o que nem seria desejável. O sentimento de culpa é muitas vezes o reverso do nosso senso do espírito, e neste sentido pode ser saudável e construtivo.

O sentimento de culpa é *a percepção da diferença entre o que uma coisa é e o que esta coisa devia ser*. Todos experimentamos algum sentimento de culpa muitas vezes ao dia. Quando uma pessoa passa por um aleijado mendigando na rua, ou por um bêbado na sarjeta; quando por ato consciente ou por negligência uma pessoa prejudica a outra; quando se toma consciência da existência da guerra em qualquer país – resumindo, o indivíduo experimenta um sentimento de culpa sempre que tem um sentimento de "dever", um sentimento de discrepância entre o que é e o que devia ser, ou entre o que faz e o que devia fazer, ou entre o que uma situação é e o que devia ser. Não devemos confundir sentimento de culpa com "consciência" – ele é o aspecto mais amplo da experiência humana, da qual a consciência é uma expressão. No exemplo do mendigo, o sentimento de culpa não depende do fato de se dar ou não dinheiro a ele; sociologicamente falando, talvez seja melhor não dar. Mas o sentimento de culpa é inerente à descoberta de que aqui existe uma situação – um ser humano rebaixado à mendicância – que se afasta em muito de qualquer norma ou ideal de vida humana.

    Se existisse algum ato na vida pelo qual o indivíduo pudesse alcançar uma unidade no si-mesmo e, assim, transcender o sentimento de culpa, seria o ato de criatividade pura como ocorre no momento mais intenso da pintura, quando o artista entra numa espécie de êxtase. Mas os artistas muito frequentemente têm o mais agudo e vivo sentimento de culpa em relação a seu trabalho. Enquanto o artista está intensamente absorto na pintura, o processo criativo parece apanhá-lo e carregá-lo como uma folha na correnteza, com velocidade tão grande que naquele momento está consciente apenas do ato criativo em si e nada mais. Mas, quando o quadro fica pronto, ele experimenta duas emoções: uma é a satisfação e o senso de catarse psicológica que todo ato criativo provoca; a outra é um sentimento de culpa, lavado e mais distintamente delineado pela catarse. Esse sentimento de culpa nasce, em primeiro lugar, da constatação de que o quadro não é tão perfeito quanto deveria ser, isto é, que ele deixa a desejar quanto à visão ideal que o artista tinha em mente. E em segundo lugar, mais importante ainda, ele nasce do reconhecimento de que algo magnífico ocorreu, no qual o artista não teve mérito. Os grandes artistas têm a estranha sensação de estar lidando com algo perigoso[7]. Por um momento alcançam os umbrais da beleza em si, e sua reação é como aquela das religiões primitivas, onde tocar o altar do Infinito tornava alguém culpado.

    Basta um olhar à literatura clássica, à mitologia dos vários povos e às religiões primitivas para descobrirmos quanto é universal o sentimento de culpa entre as pessoas. Certamente os antigos gregos não eram um povo mórbido – na verdade, diz-se com frequência que eles não conheciam o significado de nossa palavra "pecado" – contudo, essa constatação de culpa é tema central de seus dramas, dando-lhes seu mais profundo sentido. A conclusão é que essa culpa é inerente à condição humana. O homem está situado abaixo dos deuses, diziam os dramaturgos gregos, mas tende sempre a elevar-se à posição divina.

Qual a origem do sentimento de culpa? Em primeiro lugar, podemos prontamente ver que ele é inevitável na personalidade, pois está inseparavelmente ligado à liberdade, autonomia e responsabilidade moral. Rank diz muito bem que *a vontade livre faz parte da ideia de culpa ou de pecado tão inevitavelmente quanto o dia em relação à noite*[8]. Uma vez que o indivíduo possui a liberdade criativa, deve a todo momento perceber novas possibilidades, e cada nova possibilidade traz consigo não só um desafio, mas um elemento do sentimento de culpa. Na realidade, o desafio – o movimento no sentido de se adquirir a nova possibilidade – e o sentimento de culpa são dois aspectos de uma só coisa. O sentimento de culpa é inerente a todo estado de tensão da personalidade. O sentimento de culpa é a percepção de uma "brecha". Usando uma comparação grosseira, é como se alguém estivesse no alto da montanha, com um pé em cada lado de um abismo profundo.

Poetas, filósofos e teólogos vêm lutando através dos tempos com o problema de como explicar esse curioso sentimento de culpa existente nas profundezas do ser humano. Alguns concluíram que sua origem está na distância entre a perfeição e o nosso estado imperfeito: nós queremos, por exemplo, pintar um quadro perfeito, ou escrever um poema perfeito, mas por estarmos condenados a viver dentro dos limites do humano, onde tudo é imperfeito, sempre nos frustramos em nosso objetivo. Outros pensadores, principalmente os poetas, dizem que esse sentimento de culpa se origina no conflito entre as naturezas espiritual e animal da pessoa. O pensamento platônico grego encara-o como um conflito entre o corpo e a alma. Alguns psicoterapeutas localizam o sentimento de culpa na tensão sujeito-objeto dentro do indivíduo. Rank sustenta que ele surge da autoconsciência moral e, para prová-lo, cita a história bíblica do pecado original. Quando Adão comeu da "árvore da ciência do bem e do mal" – o que significou o surgimento da capacidade de perceber a diferença entre o certo e o errado – começou a sentir esta consciência.

Por mais que tentemos explicar essa profundeza do espírito, devemos admitir que ele prova a existência de uma contradição em nossa natureza. Significa dizer que somos tanto da terra quanto do espírito, usando termos populares e inadequados. Quer dizer que, se tentarmos viver somente em termos naturais e terrenos, como os animais, ficaremos neuróticos. E se tentarmos refugiar-nos inteiramente no mundo espiritual, negando possuirmos um corpo, também ficaremos neuróticos. Essa era a situação que as pessoas de eras passadas tinham em mente quando falavam de estar "preso entre dois mundos". Na verdade não se trata de uma questão de *dois* mundos, mas de dois aspectos do mesmo mundo e é isso precisamente que complica tanto o problema. Todos devemos trazer dentro de nós a tensão entre estes dois aspectos opostos do mundo – o incondicionado e o condicionado. Não somos criaturas totalmente horizontais, nem totalmente verticais. Vivemos tanto horizontal quanto verticalmente[9]. E a intersecção desses dois planos causa uma tensão básica. Não é de admirar que a vida não possa consistir de uma simples unidade!

A consciência do espírito provém dessa suprema tensão. No ponto de intersecção entre o vertical e o horizontal surge o senso dos imperativos morais, enfatizados por Kant e por muitos outros pensadores. É nesse ponto também que adquirimos nossa ideia de perfeição: por trás e dentro da beleza imperfeita de uma determinada árvore ou pintura, por exemplo, podemos vislumbrar a forma da beleza perfeita.

A contradição é, assim, prova da presença do espírito na natureza humana. Nós nos sabemos existencialmente condicionados, finitos e imperfeitos, mas somos essencialmente portadores do espírito; e esta relação introduz os elementos do incondicionado, de que somos infinitos e perfeitos. À luz de uma tal tensão, torna-se perfeitamente compreensível que deveríamos experimentar o espírito a todo instante.

Assim, o espírito, longe de ser algo mórbido de que devamos nos envergonhar, é, na verdade, prova de nossas grandes possibilidades e de nosso destino. Deveríamos alegrar-nos nele, pois significa que "uma centelha perturba nosso chão". As personalidades mais altamente desenvolvidas têm esse senso do espírito mais aguçado do que a maioria e utilizam-no em seu desenvolvimento posterior.

Por isso, qualquer descrição da personalidade que omita o aspecto da tensão espiritual é incompleta. As psicoterapias puramente naturalistas serão sempre ineficientes. Podemos concluir que o indivíduo saudável deve ter um ajustamento criativo com o Supremo, e que um senso sadio do espírito é indispensável à saúde da personalidade.

Podemos extrair do quarto princípio da personalidade, ou seja, a tensão espiritual, o seguinte guia de aconselhamento: *É função do aconselhador, enquanto auxilia o aconselhando a livrar-se do sentimento doentio de culpa, ajudá-lo a aceitar e afirmar corajosamente a tensão espiritual inerente à natureza humana.*

III
A ORIGEM DOS PROBLEMAS DA PERSONALIDADE

1. O caso de George

George B. causou-me ótima impressão ao entrar em meu consultório. Devia ter mais de 1,80m de altura, de físico excepcionalmente bem proporcionado e elegante. Apertou-me a mão cordialmente, embora com certa violência, e olhou-me fixamente, enquanto falava com voz lenta e cuidadosamente controlada.

Seu problema era uma insatisfação geral com a vida universitária. Isso era surpreendente, pois, a julgar pelas primeiras impressões, ainda que superficiais, George era do tipo que se adapta com notável sucesso à vida no *campus*. Cursava na época o segundo ano e pensava seriamente em abandonar a faculdade. Tornara-se cada vez mais difícil para ele concentrar-se em seus estudos durante as últimas semanas e, por alguma razão que desconhecia, um nervosismo geral o havia dominado. Transferira-se do curso de educação física para o de artes liberais, mas isso de nada adiantara. Explicou George que a razão dessa transferência fora a baixa moralidade existente no corpo docente daquele departamento. Mencionou com especial aversão o fato de ter o treinador bebido numa das viagens da equipe de juniores a que pertencia. Na realidade George condenava todo o corpo docente e escrevera mesmo um ensaio para provar sua ineficiência.

Naturalmente, como aconselhador, permiti que ele continuasse a falar. Prosseguiu explicando sua insatisfação também com o trabalho religioso no *campus*; faltava-lhe "garra", para usar um termo seu. Expressou o desejo de entrar para o serviço religioso estudantil e reformá-lo. Neste momento sua voz, anteriormente calma e controlada, tremeu de emoção. Ficou evidente que era pessoa bastante religiosa, no sentido comum da palavra.

Interroguei-o acerca de suas amizades – uma área bastante significativa nos desajustes de personalidade. Respondeu-me que se sentia solitário no *campus*. Não gostava de seu companheiro de quarto, um calouro que o irritava com toda sorte de ninharias, tais como levar muito tempo ao preparar-se para dormir. George prometeu tirar-lhe este hábito incômodo, nem que tivesse que surrá-lo toda noite! Na área de relações com o sexo oposto, vim a saber que George namorava uma das garotas mais atraentes e populares do *campus*, mas sentia que ela era muito fútil e precisava ser levada a interessar-se por coisas mais sérias. Um dos melhores grêmios estudantis oferecera-lhe uma oportunidade de tornar-se sócio, assunto sobre o qual estava refletindo ao tempo das entrevistas. Sua média de aproveitamento na faculdade era medíocre, embora ele alegasse que se esforçava por estudar muito.

Era evidente que esse jovem estava a ponto de sofrer uma crise de desenvolvimento de sua personalidade. Nesse mesmo mês, seu estado havia piorado. As tensões dentro de sua personalidade tornavam-se tão grandes e penosas que era quase impossível a concentração nos estudos, e estava encontrando dificuldade em dormir à noite. Seu humor mudava violentamente, desde a exaltação – durante tais períodos ele me cumprimentava com um sorriso incontido e assegurava-me jovialmente: "hoje estou numa ótima" – até a depressão profunda, quando eu o observava às vezes vagando pelo *campus* numa espécie de torpor. Suas condições físicas haviam-se tornado tão precárias que os médicos da faculdade aconselharam-no a abandonar a escola para repouso absoluto, conselho que felizmente não seguiu.

Temos aqui uma condição que se aproxima do que é comumente denominado "colapso nervoso". Muitos dos itens citados acima na descrição do caso de George parecem triviais, mas são sintomas de algo mais sério, que está subjacente. Ele poderia ter-se tornado definitivamente neurótico, caso tivesse continuado no caminho que seguia. Aliás, a forma embrionária da neurose é observável nesse simples esboço.

Como lidar com tais dificuldades de personalidade? Admitimos não ser raro encontrar essa condição geral em *campus* de faculdades, ou em qualquer grupo de jovens, ou até mesmo em adultos. Devemos mandar George para casa repousar? Isso não traria nenhum bem definitivo. Quando retornasse a algum campo da vida ativa, o caminho para a neurose seria novamente trilhado, pois as causas reais ainda estariam presentes sob a forma de tensões de personalidade não solucionadas. Deveria o aconselhador esforçar-se por raciocinar calmamente com ele sobre o assunto, tentando convencê-lo de que a faculdade não é tão má quanto julga, e que nem tudo pode estar totalmente fora dos eixos? Isso ocasionaria uma discussão, cujo resultado iria apenas fortalecer os preconceitos de George. Não, o aconselhador deve fazer uma abordagem fundada na observação psicológica mais profunda, se quiser ajudar num caso desses.

Ao esforçar-me por compreender a estrutura da personalidade de George – e esse é o lugar onde se encontra a origem de suas dificuldades – descobri que ele era o segundo filho, nascido após uma menina, numa família de fazendeiros, que dava grande importância aos assuntos religiosos e éticos. Sua irmã havia frequentado essa mesma faculdade antes dele e tinha uma ficha elogiável de realizações no *campus*.

A característica mais importante que se observa na personalidade de George é sua fabulosa ambição, expressa num forte impulso de dominar os outros: o companheiro de quarto, a namorada e, inclusive, o próprio corpo docente da faculdade. Essa ambição é, em parte, compreensível, se a relacionarmos a seu excelente físico, o que lhe deve ter angariado bastante prestígio nos anos que antecederam seu ingresso na universidade. É também parcialmente compreensível em seu relacionamento com a irmã mais velha (mas, neste ponto, devemos seguir com mais cautela); o segundo filho, geralmente, manifesta uma ambição excessiva devido a seu empenho precoce em igualar-se ou superar o primogênito. Isto é particularmente aplicável a um menino que nasce depois de uma menina, pois esta se desenvolve mais rapidamente nos primeiros anos.

Uma ambição exagerada, como o impulso de George para dominar os outros, muitas vezes está ligada fundamentalmente com um sentimento de inferioridade. O indivíduo sente-se profundamente inferior e, por conseguinte, procura tornar-se superior, empenhando-se em reformar os outros e forçando-os a se adaptarem a seus padrões. Existem fortes indícios de que George possui acentuado sentimento de inferioridade. Seria de esperar que ele expressasse essa necessidade de superar os outros no campo do atletismo universitário, pois a educação física sempre foi seu interesse principal. No entanto, jamais conseguiu ser escalado para alguma equipe importante na universidade. Ele não culpa diretamente os treinadores por esse fracasso – os processos psicológicos são de natureza mais sutil; ele transfere a contenda para o campo moral e começa a criticar os treinadores por beberem cerveja.

Para começar, essa personalidade extremamente ambiciosa precisa de muito prestígio, mas não o adquire através dos canais comuns. Ele pode adquiri-lo na área da moral; daí passa a centralizar sua atenção sobre os defeitos dos que o cercam. Ele critica o corpo docente da universidade e propõe-se a reformar tudo, desde sua garota até o programa religioso do *campus*. Essa é a sua maneira de "impor o seu ego", como diria Adler. George é muito religioso, porém está usando sua religião, o que não é raro, como uma arma do ego, ao invés de praticá-la com devoção desinteressada. Temporariamente essa pequena estratégia dá certo; não se pode negar que, em seu zelo reformador, o ego de George se eleva em sua própria escala de prestígio. Mas a vitória é conseguida da pior forma possível, pois seus pequenos sucessos em dominar os outros vão fazê-lo ficar cada vez mais antissocial e separá-lo ainda mais de seu grupo (seus colegas universitários, os treinadores e sua garota). E, assim, o resto de verdadeiro prestígio que lhe sobrar seguramente diminuirá. Seu sentimento de inferioridade e sua segurança básica aumentarão. Terá de lutar ainda mais desesperadamente para dominar os outros, e todo o seu problema ficará decididamente pior.

Esse é o círculo vicioso em que se enredam as pessoas com problemas graves de personalidade. Não é de admirar que George se sinta nervosamente tenso, e não possa dormir ou concentrar-se! Não causa nenhuma admiração que deva exercer um autocontrole especial, manifestado em seus atos lentos e em seu modo seguro e cônscio de si ao falar. A tensão em sua personalidade entre o sentimento de inferioridade e a ambição exagerada naturalmente tornará impossível para ele qualquer forma de vida feliz e criativa.

São essas tensões internas que causam esgotamento nervoso, e não simplesmente o excesso de trabalho. George cai no círculo vicioso da ambição egocêntrica e seu problema de personalidade tornar-se-á cada vez mais grave, até cair na neurose definitiva, a não ser que ocorra uma "clarificação", em que as atitudes erradas se desfaçam. Sua garota, podemos prever, romperá com ele. Tendo ela uma atitude sadia e normal perante a vida, não suportará as tendências reformadoras de George. Podemos também prever que ela não ingressará no grêmio, pois, assim agindo, teria que abrir mão do privilégio de dominar os que o cercam.

Durante nossos períodos de aconselhamento fui, gradativamente, mostrando a George estes aspectos do padrão de sua personalidade. A princípio ele não podia compreender sua ambição egoísta ou sua ânsia de dominar os outros. Insistia em dizer que "amava" a todos e desejava reformá-los para seu próprio bem. A propósito, não podemos esperar que uma pessoa assim compreenda de imediato a natureza egocêntrica de suas pequenas estratégias, pois, se realmente viesse a entendê-las, teria de renunciar a seu egocentrismo, e essa é a última coisa do mundo que deseja fazer.

Mas nesse meio-tempo ele sofria. Relacionando esses sofrimentos aos erros do padrão de sua personalidade, conseguimos transformar o círculo vicioso de sua luta por um falso prestígio em um círculo construtivo*. Começou então a encontrar meios de expressão socialmente construtivos para sua ambição. Tornou-se membro da diretoria da Associação Cristã do *campus*. Mas, no início, seu zelo em tudo modificar trouxe dificuldades aos outros estudantes para trabalhar com ele. Tendo rejeitado o convite para ingressar no grêmio, atirou-se ao projeto de investigar e reformar todos os grêmios! Esse era seu modo de entrar em contato com eles, mas sem a eles se unir. Organizou seu próprio grupo domiciliar, ameaçando porém retirar-se na última hora, quando não conseguiu fazer valer sua vontade na escolha de uma casa.

Entretanto, quando começou a receber reconhecimento social por suas realizações construtivas, gradativamente se libertou da intensa pressão de seu sentimento de inferioridade e, consequentemente, não se sentiu tão impelido a dominar. Uma vez iniciado esse círculo construtivo, George começou a despontar em sua comunidade como uma força tão positiva e útil, quanto fora anteriormente negativa. Sem nos atermos aos detalhes de sua mudança de personalidade, podemos salientar que naturalmente não foi algo fácil e simples. O reajuste das tensões em sua personalidade – o que denominamos clarificação – não foi conseguido de uma hora para outra, nem mesmo em poucos meses. O reajustamento trouxe consigo sofrimento, ou seja, a agonia do renascer, passando do egocentrismo para uma atitude socialmente construtiva em relação à vida. Mas, uma vez que a pessoa tenha iniciado o círculo construtivo, a natureza assiste-a com suas forças. Estabelece-se uma progressão geométrica, na qual quanto mais saudável se tornar a personalida-

---

* Note-se que o sofrimento do aconselhando está do lado da superação de seus problemas. Isto significa que nós aconselhadores devemos usar com parcimônia a reanimação. A ansiedade do aconselhando é o melhor amigo do aconselhador.

de, tanto mais será ela capaz de obter nova saúde. Assim aconteceu com George. Tão logo deu ao *campus* uma chance, este imediatamente reconheceu suas habilidades criativas, atrativos físicos e sua fabulosa energia. As mesmas forças, que o haviam levado à beira da neurose, trabalhavam agora para incrementar seu prestígio e liderança genuínos. Seu namoro não pôde ser salvo. A garota rompeu com ele. Embora tenha sofrido muito, ele não caiu em seu antigo isolamento moralístico.

Na primavera do mesmo ano, foi eleito presidente da Associação Cristã da universidade, cargo no qual trabalhou com ardor, mas ainda de modo irresoluto e temperamental. Já no ano seguinte, no entanto, seus esforços haviam se tornado tão construtivos socialmente que se destacou na Liga dos Homens e foi finalmente eleito para o Conselho Estudantil como um dos mais notáveis líderes estudantis do *campus*.

2. Tensão criativa

Qual é então a origem dos problemas de personalidade? Caso George tivesse sido mandado para casa num estado de colapso nervoso, as pessoas teriam culpado o "excesso de trabalho" por sua perturbação. Mas, através da observação psicológica da personalidade de George, notamos que a verdadeira razão de seu esgotamento não teria sido o trabalho em excesso, mas, sim, tensões destrutivas dentro de sua personalidade. O costume de explicar o esgotamento nervoso com um apologético "ele está sobrecarregado de responsabilidade", ou "ele trabalha demais", com a conclusão de que tudo o que o indivíduo necessita é de um bom repouso, é falso na maioria dos casos. A pergunta que mais se aproxima da realidade é: Por que ele trabalha demais? Que tensões existem em sua personalidade que não lhe permitem executar o trabalho que assumiu? É evidente que as pessoas amiúde se atiram a um grande volume de trabalho como uma fuga dos problemas de personalidade não resolvidos.

A origem dos problemas de personalidade é uma *falta de ajustamento das tensões dentro da personalidade*. No caso de George observamos, por um lado, uma ambição demasiado egocêntrica (manifestada no seu esforço por dominar) e, por outro lado, um interesse social demasiado fraco (evidenciado na falta de cooperação com os outros). Quanto mais desequilibradas se tornassem essas tensões na personalidade de George, mas próximo ficaria ele de um colapso nervoso. Em outras palavras, quanto maior a falta de ajustamento, mais neurótico ele se tornaria. Somente quando as tensões fossem ajustadas numa espécie de acordo funcional, George seria capaz de expressar-se criativa e eficazmente no mundo exterior e, assim, adquirir o verdadeiro prestígio que ambicionava.

Cada um de nós já experimentou esse processo de ajustamento de tensões em sua própria personalidade. É algo criativo e dinâmico que ocorre continuamente. Por exemplo, um homem caminhando pela rua, ao conversar com a primeira pessoa que encontra, experimenta um reajustamento das tensões entre seu desejo de dominá-la e seu interesse por ela como seu próximo. Ou ele vai para casa e lê um livro, e toda ideia que atrai sua atenção provoca um novo ajustamento das tensões de sua personalidade. Toda vez que uma pessoa experimenta um sentimento de que "deve" fazer isso ou aquilo, ou um sentimento de inferioridade, de triunfo ou desespero, as tensões de sua personalidade estão sendo reajustadas.

Por isso, a personalidade nunca é estática. Ela é viva, em constante mutação, móvel, plástica, variável, quase multiforme. Logo, não devemos falar de "estabilidade" ou "equilíbrio" da personalidade, pois isso implicaria no fato de que suas tensões pudessem ser ajustadas de uma vez por todas. Tornar-se estático nesse campo significaria morrer. Viver não é como sintonizar um rádio e deixá-lo assim. É, na verdade, um contínuo sintonizar em ondas de comprimento variável, ou seja, as novas experiências de cada dia são sempre recentes e diferentes, porque fluem da infinita criatividade da vida.

Ao mesmo tempo, isso não quer dizer que a pessoa seja totalmente diferente do que era ontem, ou que seja jogada de um lado para outro como folhas ao vento. Há uma certa continuidade por causa das tendências inconscientes do indivíduo que remontam às suas experiências passadas. O que ele foi há um mês atrás, ou um ano, ou cinco, ou muitos anos atrás, deixa no inconsciente uma certa energia psíquica que afeta suas tensões de hoje. Mas essas tendências que surgem do inconsciente são também móveis e dinâmicas. Em qualquer ocasião a pessoa tem um número infinito dessas tendências à sua disposição. Por isso, nem mesmo os hábitos podem ser estáticos. É duvidoso que exista o que se possa chamar de verdadeiro hábito numa vida saudável, pois não existe situação que não traga à tona um novo elemento de experiência que afeta as tensões existentes na personalidade. A vida é muito mais criativa, muito mais variável e fecunda de possibilidades do que a maior parte das pessoas julga.

Empregamos a palavra "tensão" com prudência, pois toda personalidade está sempre sujeita a alguma distensão, ou mesmo a alguma tensão e pressão. Por exemplo, sentimos sempre alguma perturbação quando estamos num lugar e dentro de uma hora devemos estar em outro; essa consciência da obrigação de estar em outro lugar exerce uma certa tensão na nossa mente. Existe uma tensão entre o trabalho feito ontem e aquele que se deve fazer amanhã, e carregamos esse peso dia após dia, como se estivéssemos sustentando a carga do trabalho sobre os ombros. É claro que a grande tensão, da qual falamos amplamente, é aquela que existe entre o que somos e o que sentimos que devíamos ser. Arriscando uma comparação muito imperfeita, eu diria que a personalidade é como uma teia, pois ela consiste em linhas de tensão entre um número infinitamente maior de pontos, estando essas linhas e os pontos de conexão continuamente sujeitos a mudanças.

Por isso é grave erro falar de personalidade sem tensões, querendo dizer, por exemplo, que a condição mental saudável é uma feliz ausência de tensões. Sem dúvida, as tensões seriamente mal ajustadas e, por conseguinte, levadas a um ponto crítico, resultam numa depressão mental. Mas o que se deseja é um *ajustamento* das tensões e não uma fuga delas. Mesmo querendo, não podemos livrar-nos das tensões de personalidade. O neurótico tenta isso por meio de certos esquemas como, por exemplo, ficar em casa e nunca encontrar-se com outras pessoas. O resultado, porém, é a estagnação e, no fim, uma depressão. Devemos aceitar corajosamente o fato de que as tensões são necessárias e então planejar o ajustamento mais adequado para que nossa personalidade se expresse do modo mais criativo possível no mundo exterior.

Devemos ressaltar que o ponto central do problema de personalidade é o ajustamento das tensões *dentro* do indivíduo. É certo que fatores externos têm seu papel, mas sua importância reside no fato de que a personalidade os absorve e deles se utiliza como pivôs. O debate em torno da necessidade de o indivíduo "se ajustar ao meio ambiente", tão comum entre os diletantes da nova psicologia alguns anos atrás, implica que a preocupação principal da pessoa seria renunciar a si mesma para se adaptar a seu ambiente. Mas isso falseia o problema e subestima a personalidade humana. Como se a pessoa fosse um pedaço de borracha, útil apenas porque pode ser distendido à vontade para moldar-se a qualquer coisa! Sim, o ajustamento é necessário, mas não meramente a algo fora do indivíduo. Ele é um processo criativo, dinâmico e primordialmente interno.

O aconselhador deve prevenir-se contra a tendência do aconselhando de transferir seu problema para alguma área fora dele mesmo, culpando, por exemplo, alguém de seu ambiente. Uma jovem e sábia senhora certa vez veio a mim e disse: "Não consigo dar-me bem com minha família; diga-me o que há de errado comigo". É mais proveitoso para o aconselhador, embora levando devidamente em conta todos os fatores ambientais, reconduzir o problema para as tensões existentes *dentro* da personalidade do aconselhando.

Até mesmo um fator aparentemente tão objetivo como a expressão sexual torna-se importante para a personalidade, por causa das tensões internas que provoca. Se fosse apenas uma questão de a pessoa expressar sua necessidade sexual na realidade, em que a sua expressão significasse saúde mental e a sua não expressão significasse neurose, como seria simples o problema! Mas o sexo causa problemas de personalidade, não na medida em que é objetivamente expresso na realidade, mas segundo o modo pelo qual a pessoa encara a expressão ou sua falta. Um de meus aconselhandos havia anteriormente ido a um professor para discutir seu problema de melancolia e insatisfação geral, e tinha sido por ele aconselhado a sair em busca de atividade sexual. O estudante fez a experiência nesse campo, mas concluiu que seu problema ficara pior. Qualquer tentativa de solução do problema inteiramente *fora do próprio si-mesmo* pode tornar a pessoa tão neurótica quanto a repressão ascética. Freud deixa bem claro que o problema do sexo é do tipo de ajustamento de tensões dentro da personalidade – a tensão da necessidade sexual, as exigências sociais assim como elas se apresentam à pessoa e a influência da educação moral, todas configuram uma situação não muito simples. O que se deseja é uma clarificação de atitudes e disso resulta o comportamento correto.

Coisas exteriores ao indivíduo, tais como um caso amoroso, uma prova difícil, ou a morte de um membro da família, são oportunidades para um desmoronamento da personalidade. Digamos que John Doe comete suicídio quando sua amada o abandona. As pessoas dizem: "Isso não teria acontecido se ele nunca tivesse encontrado essa mulher". É possível, mas provavelmente não, pois ele já trazia potencialmente dentro de si o comportamento neurótico, que se teria manifestado de alguma forma, mais cedo ou mais tarde. A área significativa no que se refere a essas tensões encontra-se dentro da personalidade, embora o indivíduo continue agindo e reagindo dentro de seu ambiente, usando elementos deste como pivôs. George B., como vimos, estava com raiva de seu companheiro de quarto, mas este servia meramente como o pivô conveniente de sua irritabilidade. E podemos estar certos de que, se seu companheiro de quarto não estivesse por perto, George teria usado qualquer outra pessoa como alvo de sua irritabilidade. A personalidade usa pontos do ambiente como pregos para fixar os extremos das linhas de tensão. *Assim, esses elementos externos tornam-se importantes, porque estão relacionados às tensões internas da personalidade.* Podemos dizer que a personalidade absorve esses elementos do ambiente e utiliza-os em sua própria estrutura.

Deve-se evitar a tendência de atribuir à hereditariedade ou ao meio ambiente os problemas da personalidade. A garota sem atrativos pode dizer: "De fato, não nasci bonita". Mas o aconselhador poderá, muitas vezes, mostrar-lhe que sua falta de atrativos é devida a atitudes errôneas e, portanto, ao mau uso das formas físicas com as quais nasceu. As neuroses – classificação geral dos problemas da personalidade quando esses se agravam – não são herdadas, mas são maneiras errôneas de se empregar o que se herdou.

O ambiente é de suma importância, pois funciona como a arena na qual o indivíduo luta pelo ajustamento. Mas encarar o ambiente como causa não é correto, nem vantajoso. O ambiente fornece o tabuleiro de xadrez e mesmo a maior parte das peças com as quais se joga. Mas só com o tabuleiro e as peças não se pode predizer *como* a partida será jogada.

Não é finalidade desse livro penetrar na importante questão do peso das condições sociais sobre os problemas de personalidade do indivíduo. Doenças sociais, tais como o desemprego, a insegurança econômica de todo tipo, o medo da guerra e o cataclismo social que a segue, exercem uma tremenda influência sobre o ajustamento dos indivíduos envolvidos. Um desemprego que causa convulsões sociais tem como consequência uma carga contínua de insegurança, o que aumenta as tensões da personalidade de tal forma que sua importância não pode ser exagerada. É um truísmo dizer que a saúde mental e uma ordem social saudável são intimamente interdependentes.

No entanto, levando em consideração tudo isso e mais outras coisas, ainda é verdade que o problema de personalidade em si é uma questão de ajustamento das tensões dentro do indivíduo. E o esforço no sentido de localizá-lo fora dele significa errar o essencial da questão. É certo que ambientes desfavoráveis, como os experimenta a criança que cresce nas favelas, aumentam as probabilidades da ocorrência de problemas de personalidade. É comum constatar-se que duas crianças criadas em condições de extrema pobreza podem desenvolver-se de modo bem diferente. Na realidade, duas crianças do mesmo lar, ou seja, partindo de uma carga hereditária quase idêntica e um ambiente quase equivalente, não apenas podem, mas, como já descobrimos, *deverão* desenvolver tipos bastante diferentes de personalidade. A hereditariedade e o ambiente estabelecem limites dentro dos quais o indivíduo efetiva seu desenvolvimento. Aquele que provém de uma linha de ancestrais de baixa estatura não pode esperar ter estatura extraordinariamente alta – mas sua saúde física não depende de sua altura. A saúde da personalidade é uma questão *qualitativa* e não quantitativa.

A simples modificação do ambiente, embora às vezes ajude, não é a necessidade essencial. Uma filha estudando numa faculdade distante, por exemplo, envolve-se num caso amoroso infeliz e os pais transferem-na para outra escola. Isto pode ajudá-la temporariamente, mas é provável que a garota entre em dificuldades semelhantes outra vez, a menos que neste ínterim tenha ocorrido um melhor ajustamento de sua personalidade. Horácio escreveu: "Aqueles que atravessam os mares *mudam seus ares, mas não suas mentes*". E os problemas de personalidade são uma questão de mudar a mente.

Como aconselhadores, procuramos às vezes mudar certas características dos ambientes de nossos aconselhandos, principalmente se forem crianças. Ao aconselhar adultos, o aconselhador não vai sugerir logo uma mudança no ambiente, mesmo que isto pareça aconselhável. Ao invés disso, vai auxiliar o indivíduo a compreender-se a si mesmo em relação ao ambiente, e então a decisão da mudança partirá do próprio aconselhando. A mudança do fator vocacional no ambiente muitas vezes pode ser ilustrada da seguinte forma: Uma pessoa de temperamento acentuadamente artístico ocasionalmente se verá a braços com uma atividade em que a superação da neurose será quase humanamente impossível. É função do aconselhador assistir os indivíduos na descoberta de suas reais vocações. Lembremos, no entanto, que esse tipo de orientação está um tanto afastado do tratamento direto dos problemas de personalidade. Mesmo indo mais longe, haverá ocasiões em que o aconselhador terá de prestar ao indivíduo uma ajuda específica para encontrar um emprego. Para uma pessoa oprimida pela insegurança econômica um auxílio prático é, no momento, mais importante que a compreensão psicológica. Mas, em tais casos, o aconselhador, rigorosamente falando, está lidando apenas indiretamente com problemas de personalidade. Quando ele lida com o problema de personalidade em si, não permite que o aconselhando transfira a responsabilidade para o ambiente, mas ajuda-o a aceitar a responsabilidade pelo seu futuro e a usar seu ambiente da forma mais criativa possível.

Uma garota que, certa vez, veio a mim em busca de aconselhamento, vivera em ambientes os mais desfavoráveis. Ela havia crescido na casa de sua madrasta, juntamente com duas tias por afinidade, um enteado, vários outros parentes por afinidade e avós, que não lhe permitiam um momento sequer de paz. Havia discussões intermináveis na casa e os adultos, naturalmente, implicavam com ela, a enteada, como um alvo conveniente para a vazão do seu rancor. Aquele que acha que o ambiente faz a pessoa, esperaria que essa garota, após quinze anos de tormentos em família, viesse a ser uma pessoa cínica, desconfiada, intrigante e avessa à sociedade. Mas, na realidade, ela era uma jovem atraente, de consciência social e com mais humor e jovialidade que as demais garotas do seu grupo. Ela havia respondido à situação infeliz desenvolvendo um humor e jovialidade fora do comum. Poderíamos citar muitos casos semelhantes em que o indivíduo usou um ambiente desfavorável como uma escada para alcançar um ajustamento de personalidade notavelmente eficaz. Um ambiente adverso aumenta as possibilidades de neurose, mas o indivíduo pode usar essa mesma potencialidade para um ajustamento mais criativo a seu modo de vida. E o aconselhador tem a função de prestar assistência para que esse tipo de ajustamento se concretize.

3. A estrutura de nossos problemas

Focalizemos agora com mais clareza a estrutura dos problemas de personalidade. A falta de ajustamento da personalidade pode manifestar-se sob todo tipo de sintomas, como embaraço, timidez, excessivo acanhamento, preocupação e ansiedade constantes, medo de relacionar-se com as pessoas, medo especial de fracasso no trabalho e incapacidade de concentração. O embaraço, por exemplo, é um sinal de que as tensões dentro da personalidade bloqueiam-se mutuamente como dois lutadores que se agarram com tanta força que nenhum dos dois consegue mover-se. Consequentemente, o indivíduo não consegue falar, ou pensar livremente, nem expressar-se eficientemente no mundo exterior. Essas pessoas podem ter, como consequência, sérias desvantagens na realização de seu trabalho, ou podem ser incapazes de estabelecer contatos sociais normais e, portanto, de resolver seus problemas amorosos e conjugais, ou podem não conseguir desenvolver e utilizar suas potencialidades.

Pessoas com esse tipo de problema de personalidade trazem em si um conflito que, até certo ponto, chega a paralisá-las. Como se costuma dizer, elas estão em conflito consigo mesmas e, por estarem em conflito consigo mesmas, estão em conflito com seu grupo social. Os dois são conflitos em ambas as frentes da mesma batalha. George B. não conseguia entender-se bem com os outros alunos porque insistia em reformá-los, mas isso estava ligado, por sua vez, a seu impulso interno de dominar. A aquisição da saúde mental significava em seu caso, como na maioria de casos semelhantes, um ajustamento simultâneo de tensões dentro de si mesmo e nas suas relações com os outros.

Adler faz do ajustamento social o critério, "os frutos" pelos quais se avalia o grau de clarificação da personalidade. No entanto, corremos assim o risco de exaltar um ajustamento superficial à sociedade. Na verdade, o comportamento em relação aos outros resulta de atitudes. E o único alicerce das atitudes é a mente do indivíduo em questão. A pessoa que se ajustou à sociedade sem uma clarificação de suas atitudes, ou seja, ao preço de hipocrisias, não fez ajustamento algum e sua precária estrutura desabará. Da mesma forma é possível que indivíduos como Sócrates, São Francisco de Assis ou Madre Teresa tenham conseguido um ajustamento criativo das tensões internas de sua personalidade e, por isto mesmo, estivessem em desarmonia com a sociedade imperfeita de sua época.

Quando um problema de personalidade se torna grave a ponto de o indivíduo não poder realizar seu trabalho ou não conseguir se relacionar com outras pessoas, nós o qualificamos de "neurose". Um aluno, por exemplo, tinha um problema relativamente comum de estudar para as provas sob elevado grau de tensão nervosa. A situação foi se agravando, até ficar doente na véspera de uma prova, sendo por isso dela dispensado. Desenvolveu então o conveniente esquema neurótico de adoecer antes de *todas* as provas. Uma condição neurótica semelhante pode ser causada por um sério conflito emocional que não possa ser resolvido pelo indivíduo.

O termo "neurose" tem como raiz a palavra "nervos", porque os distúrbios mentais, originalmente, foram observados através do nervosismo que provocavam sob a forma de ansiedade, preocupação, ou até mesmo pelo tremer de partes do corpo. O termo, porém, não significa que algo esteja organicamente falho no sistema nervoso. Refere-se mais a um estado de personalidade. "Psicose" é o termo que designa um estado de distúrbio mental mais grave que a neurose e que inclui as muitas formas de doenças mentais popularmente chamadas loucura. Algumas psicoses são orgânicas, como as causadas por uma doença que ataca os tecidos do sistema nervoso, mas muitas são funcionais. O aconselhador, naturalmente, não procura tratar desses problemas e a única vantagem em ser o aconselhador capaz de identificar estados psicóticos está em poder encaminhar a pessoa a um psiquiatra profissional*.

As neuroses são basicamente funcionais porque são atribuídas a formas de comportamento e atitudes mentais e não a distúrbios orgânicos. Fatores orgânicos concomitantes podem existir, conforme Adler o demonstrou numa neurose. Muitos estados orgânicos resultam de estados neuróticos da mente como, por exemplo, pressão baixa ou, para citar o exemplo clássico, a cegueira resultante da neurose de guerra durante as guerras. O aconselhador deve estar ciente das condições físicas do aconselhando para inserir no diagnóstico todos os fatores orgânicos relevantes, sejam eles causais ou conseqüentes. Amiúde poderá buscar auxílio junto ao médico da família do aconselhando, ou junto ao corpo médico da faculdade, quando se tratar de uma situação ocorrida num campus. O aconselhador preocupa-se com o aspecto funcional do problema, ou seja, procura tornar saudáveis as atitudes e os padrões de comportamento do indivíduo.

Geralmente é reconhecido na psicoterapia moderna que não existe uma fronteira fixa entre as pessoas ditas "normais" e as neuróticas, nem entre as neuróticas e as psicóticas. A lei exige que certos tipos de psicóticos sejam confinados em manicômios. Mas tanto psiquiatras como juízes admitem que a decisão sobre quem deve ser confinado como demente e quem pode ser deixado livre como apenas "um pouco perturbado" é, às vezes, inevitavelmente arbi-

---

* Naturalmente, chegam ao aconselhador todo tipo de pessoas, algumas prestes a ter um ataque psicótico. O conselho importante que damos ao aconselhador é não ficar muito perturbado quando a pessoa parece estar entrando numa psicose. É difícil, sem dúvida, escutar uma pessoa que está à beira de tal episódio. Como aconselhadores, nossa função em tais casos é manter a discussão o mais possível no nível realista. Depois da sessão, é possível indicar à pessoa uma assistência psiquiátrica que está em condições de atendê-la.

trária. O indivíduo pode progredir de um simples problema de personalidade para um estado de neurose e da neurose para a psicose, e pode também voltar pelo mesmo caminho ao normal. Poderíamos citar muitos casos semelhantes ao da senhora D. que teve problemas de personalidade na sua juventude, mas cursou com bastante sucesso os estudos do primeiro e segundo graus. Seus conflitos de personalidade tornaram-se mais pronunciados na faculdade, quando poderíamos tê-la classificado como neurótica. Vários anos mais tarde, durante um período de tensão física e emocional, desenvolveu repentinamente um caso de esquizofrenia e foi internada num hospital de doentes mentais. Ela está hoje fora do hospital, vivendo de forma bastante saudável e tudo indica que é uma pessoa tão "normal" quanto as que a cercam.

Todos têm problemas de personalidade e todos estão constantemente num processo de reajustamento das tensões dentro de sua personalidade. Ninguém é completamente "normal". Por exemplo, todos já sentimos, em momentos determinados, um desejo de não encontrar uma certa pessoa. Talvez tenhamos atravessado a rua para não encontrá-la, embora, provavelmente, nos sentíssemos envergonhados a seguir. Se este pequeno desejo se transformar num desejo de evitar muitas pessoas, ou possivelmente todo mundo, de modo que fiquemos sempre fechados dentro de casa, teremos regredido a um estado neurótico. Em cada um de nós existe o anseio de dominar – o que levou George B. à beira da neurose. A diferença é que aqueles dentre nós que são chamados "normais" têm essa tendência melhor ajustada na constelação de suas tensões de personalidade. Sinceramente falando, nunca lidei com um aconselhamento em cujo problema eu não me visse a mim mesmo, ao menos potencialmente. Todo aconselhador, teoricamente, terá essa mesma experiência. Vale dizer: "Se não fosse a graça de Deus, eu estaria na mesma situação". Não há lugar para arrogância, ou farisaísmo, mas lugar de sobra para a humildade na profissão de aconselhador.

Devemos apenas nos familiarizar com nossas pequenas tendências neuróticas, mesmo que elas não passem do costume comum de falar mal da vida alheia, ou de tomar alguma bebida alcoólica para encorajar-nos antes de um acontecimento importante. Como diz Adler: "Pequenos problemas significam normalidade, grandes problemas, neurose". Ou, para sermos provavelmente mais precisos, dizemos que existe normalidade quando os conflitos emocionais podem ser controlados e neurose quando esses conflitos não podem ser controlados. Quando a pessoa identifica suas tendências neuróticas específicas, pode mais facilmente prevenir-se contra o fato de elas lançarem a personalidade num distúrbio definitivo por ocasião de uma crise emocional.

Temos usado o termo "normal" entre aspas, pois ele é mais um ideal do que uma realidade. A norma é um modelo tirado de nosso conhecimento das possibilidades numa dada situação. É parcialmente baseada no âmbito da expectativa, mas, como a saúde física, não é uma categoria delimitativa. É possível medir-se o que há de errado ou doente na personalidade, pois a neurose leva a pessoa enferma a incidir em toda sorte de erros, mas não podemos determinar o "certo" nessa área. Podemos apenas libertar o indivíduo para que ele se desenvolva de acordo com sua forma própria e singular. Assim, ser normal não significa, de maneira alguma, tornar-se estático, ou "ser uma média", ou estar encaixado na mesma gaveta que os demais. Significa exatamente o contrário disso. A norma para a personalidade é, em certo sentido, o ideal; e este está baseado em princípios da criatividade tais como a liberdade, a individualidade e outros fatores que serão tratados no próximo capítulo.

A possibilidade de reajustar as tensões da personalidade é o maior dom que a natureza legou à humanidade. Ela significa crescimento, desenvolvimento e realização de potencialidades. Reajustamento das tensões da personalidade é sinônimo de criatividade. A pessoa especialmente criativa é aquela cujas tensões de personalidade são também especialmente suscetíveis de ajustamento. Ela é mais sensível e sofre mais, mas goza de maiores possibilidades. O indivíduo neurótico é aquele que tem possibilidades especiais de reajustar suas tensões de personalidade, o que é exigido em sua situação, mas recusa-se por medo a fazê-lo e tenta congelar-se em fórmulas estáticas de aprendizado. Uma vez que ele tome coragem e inicie o processo de reajustamento, pode tornar-se, repentinamente, um indivíduo excepcionalmente criativo. Não é por acaso que as pessoas mais sensíveis às outras, que mais temem o contato com as outras, são muitas vezes e precisamente aquelas que se tornam muito amáveis e eficientes nas relações pessoais, quando conseguem canalizar sua sensibilidade para algo construtivo.

Basta darmos uma olhada na história para vermos que os indivíduos mais criativos são, amiúde, os que apresentam a mais óbvia neurose. Van Gogh foi neurótico durante a maior parte de sua vida e só evitou a psicose através de sua fabulosa criatividade, com a ajuda da qual conseguiu ajustar as terríveis tensões em sua personalidade. Só com dificuldade passou toda a existência equilibrando-se na sanidade como numa corda bamba; e isso está diretamente ligado à criatividade que fez dele um grande artista. Os grandes artistas têm maiores potencialidades neuróticas. Como Dostoievski e Nietzsche, parecem flutuar entre estados mais ou menos neuróticos. Quanto mais delicado for o equilíbrio interno das tensões, maior será a criatividade. Não queremos com isso exaltar a neurose, nem dizer, como no título de um livro: "Alegre-se, você é neurótico". Queremos dizer que as tendências neuróticas, se enfrentadas corajosa e construtivamente, significam possibilidades de um desenvolvimento criativo especial.

Cada um de nós pode, então, conseguir um melhor ajustamento das tensões de sua personalidade. Ninguém conseguiu um ajustamento "perfeito". Existe uma diferença entre o neurótico que mal consegue manter-se no emprego e o indivíduo "médio" que realiza seu trabalho razoavelmente bem. Essa diferença, contudo, não é maior do que a existente entre este indivíduo médio e aquele que conseguiu clarificar de tal forma sua personalidade que é capaz de aproveitar todas as possibilidades criativas e alcançar rapidamente posições cada vez mais influentes e efetivas.

Auxiliar estas pessoas, assim ditas "normais", para que adquiram um ajustamento mais criativo é o trabalho do aconselhador. Este não somente ajuda os indivíduos a alcançar a média quando estão abaixo dela, mas, o que é ainda mais importante, procura ajudar aqueles que parecem médios a tirar vantagens de suas possibilidades singulares e a atingir um desenvolvimento mais rico. O caso a seguir pode ilustrar o que dissemos.

Quando certo moço, que podemos chamar John C., ingressou na faculdade, parecia um calouro típico, possivelmente um pouco acima da média. Durante o primeiro ano pareceu-me mais tímido do que é normal. Enrubescia com frequência, e nos encontros do comitê portava-se rígida e sobriamente.

No segundo ano veio pedir-me uma "análise psicológica". Embora seja muito impróprio qualificarmos o processo do aconselhamento como "análise psicológica", marcamos uma série de consultas. No decorrer do aconselhamento, vim a saber que ele fora criado por uma avó e, embora tivesse sido bem-sucedido na escola secundária como membro do conselho dos estudantes e editor do anuário, vivera sempre de forma bastante solitária. Não se lembrava de ter brincado muito na infância; mas lembrava-se de ter aparado a grama regularmente e de ter feito suas pequenas tarefas sozinho.

Até poemas em louvor à "morte" estava escrevendo. John C., evidentemente, era o tipo que costumamos denominar de "introvertido". Em razão de sua timidez, não tinha amizades satisfatórias com garotas; em grupos sociais, tal timidez tomava a forma de uma sobriedade muito grande. Sua inteligência era evidente, embora pensasse e falasse vagarosamente. Seus principais interesses eram a filosofia, a religião e as formas mais "pesadas" de literatura.

Temos aqui John C., uma pessoa bastante normal, mas com tendências gerais a retirar-se da vida. Poderia ter-se tornado um bom professor. Talvez nunca viesse a ser tão neurótico que precisasse de internação em algum hospital de doentes mentais. Mas sua personalidade estava repleta de pequenas inibições e certamente não se libertara o suficiente para desenvolver seus poderes criativos até à plenitude. Como a grande maioria das pessoas, teria se arrastado ao longo da vida, carregando um peso interno tão grande de inibições e pequenos conflitos, que teria chegado apenas a "John C., um pouco acima da média".

Um ano após nossas entrevistas recebi dele uma carta dizendo:

> Este ano correu maravilhosamente bem na escola; melhor que qualquer outro ano. Você se lembra da série de conversas que tivemos há um ano atrás acerca de minha perspectiva de vida? Bem, elas foram de uma tremenda importância para mim este ano, de diversas formas. Embora eu ainda tenha meus dias de fossa, acho que já dei passos bem largos para superar o egocentrismo profundamente enraizado, que foi meu grande castigo no ano passado. Livrei-me de meus muitos preconceitos e temores: já rastejei um bom pedaço para fora de minha concha. Até o Hank, meu companheiro de quarto deste ano, já comentou mais de uma vez a mudança geral que notou em mim. Estou achando bacana à bessa este negócio de "pôr de lado as coisas infantis".

Num encontro posterior, soube que ele havia sido eleito presidente de uma importante organização estudantil e estava em Nova York assistindo a uma conferência interuniversitária e encontrando-se com pessoas influentes com interesse e satisfação. Ele parecia ter sido "libertado"; e sua personalidade, assim como todas as personalidades libertadas, desenvolvia-se numa progressão geométrica.

IV
A EMPATIA – CHAVE PARA O PROCESSO DO ACONSELHAMENTO

Tendo já falado sobre a natureza da personalidade, somos agora levados à questão seguinte: Como funciona a personalidade? Como uma personalidade trava contato com outra e reage em relação a ela? A resposta se encontra no conceito de *empatia*, termo geral para expressar contato, influência e interação das personalidades.

"Empatia" vem da tradução de uma palavra usada pelos psicólogos alemães, *Einfühlung*, que significa literalmente "sentir dentro". É derivada do grego *pathos*, que quer dizer um sentimento forte e profundo, semelhante ao sofrimento e tendo como prefixo a preposição *in*. É uma palavra obviamente paralela a "simpatia". Mas, enquanto "simpatia" denota "sentir com" e pode levar à sentimentalidade, "empatia" significa um estado de identificação mais profundo de personalidades em que uma pessoa se sente tão dentro da outra que chega a perder temporariamente a sua própria identidade. É neste profundo e um tanto misterioso processo de empatia que ocorrem a compreensão, a influência e outras relações significativas entre as pessoas. Assim, ao abordarmos a empatia, estaremos considerando não apenas o processo-chave no aconselhamento, mas, ao mesmo tempo, a chave para praticamente todo trabalho de professores, pregadores e outros, cuja vocação depende da influência que exercem sobre as pessoas.

Para começar com um exemplo, descreverei o caso de certo aluno que veio a meu consultório para uma entrevista de aconselhamento. Abordou-me timidamente, apertando-me a mão de um modo nervoso e sorrindo como quem pede desculpas. Embora de estatura alta, dava a impressão de ser uma criança grande, enrubescendo constantemente e baixando os olhos para o assoalho quando falava. Em pouco tempo já estava relatando, numa voz hesitante e baixa, certas ocorrências de sua infância e outros aspectos de sua vida pregressa no lar que se ocultavam atrás de suas atuais perplexidades.

Enquanto ele falava, mantive-me perfeitamente relaxado e o fitei calmamente no rosto. Deixei-me absorver por sua história. Em breve estava tão completamente absorto que perdi a consciência do ambiente físico da sala, a ponto de ter consciência apenas dos olhos assustados do rapaz, de sua voz trêmula e do fascinante drama humano que descrevia.

Contou-me como o pai costumava espancá-lo durante sua infância na fazenda e como havia crescido sem compreensão ou amor por parte dos pais. Pode parecer estranho, mas nesse momento eu senti a dor das pancadas de seu pai, como se eu mesmo estivesse apanhando. Falou-me em seguida sobre a fuga para o colégio, onde conseguiu manter-se às próprias custas, sob circunstâncias bem desfavoráveis. Durante os anos de colégio fora oprimido por um sentimento de inferioridade insuportável. Ao descrever esse sentimento de inferioridade, deu-se em mim uma depressão como se a inferioridade fosse minha.

Falou-me então de seu desejo inicial de ir para a faculdade, ao que os pais haviam reagido com a predição sarcástica de que ele não aguentaria lá um semestre. Apesar de tudo, chegara ao *campus* com a determinação de um buldogue, embora praticamente sem dinheiro. Cursava na época o segundo ano. Desde então, a duras penas, vinha progredindo, ao mesmo tempo que lutava por acompanhar os estudos para os quais estava precariamente preparado. Ao falar sobre sua experiência na faculdade, descreveu a timidez e o sentimento de inferioridade que continuavam a oprimi-lo e a solidão que padecia, mesmo em meio à agitação da vida do *campus*.

O detalhe que devemos observar nesse exemplo é que os estados psíquicos do aconselhando e aconselhador, até certo ponto, identificaram-se. Como aconselhador, envolvi-me tanto em sua história, que suas emoções acabaram por tornar-se as minhas. Seu sentimento de desespero enquanto lutava durante os anos de colégio, sua constatação de como é solitária a existência e duro o destino, passaram a ser minhas próprias experiências, que sentia em mim da mesma forma que ele anteriormente as sentira. E quando ele concluiu afirmando que estava determinado a seguir até ao fim da faculdade, mesmo que isso lhe custasse a vida, senti um certo júbilo, como se essa resolução houvesse sido tomada por minha própria vontade.

Essa identificação parcial foi tão verdadeira que, se eu tivesse falado algo, minha voz teria, sem dúvida, partilhado do tremor e hesitação da voz dele. Impõe-se, portanto, concluir que o ego, ou o estado psíquico do aconselhador, fundira-se, temporariamente, com o do aconselhando. Ele e eu éramos uma só unidade psíquica.

Isto é empatia. É o sentir ou o pensar de uma personalidade dentro da outra, até ser alcançado um certo estado de identificação. E é nessa identificação que um verdadeiro entendimento entre as pessoas pode ocorrer. Na verdade, sem ela não é possível qualquer entendimento. É claro que a experiência da empatia acontece dezenas de vezes por dia com todo aconselhador, seja ou não reconhecida como tal. A empatia não é um processo mágico, muito embora seja misterioso. Parece ser de difícil compreensão, exatamente porque é tão comum e fundamental. Como acentua Adler, até certo ponto essa identificação entre duas pessoas acontece em toda conversação. É o processo fundamental do amor. A maior parte das pessoas nunca se deu ao trabalho de analisar sua capacidade de empatizar e, consequentemente, possui essa habilidade de forma apenas rudimentar e subdesenvolvida. Mas é aconselhável que ministros, professores e outros que lidam intimamente com pessoas, empenhem-se em compreendê-la, pois seu sucesso depende da capacidade de realizar esse passeio com a outra pessoa aos mais profundos recessos de sua alma.

Experimenta-se a empatia primeiramente com objetos inanimados. O jogador de boliche inclina-se na direção em que deseja que a bola role, como se pudesse influenciá-la com seu corpo. Uma multidão de torcedores num estádio vibra com seu time de futebol, cada qual agitando-se e gritando como se estivesse participando da jogada!

1. A empatia na arte

Dentro da experiência artística a empatia é também básica, pois o indivíduo deve, de alguma forma, identificar-se com o objeto, se quiser senti-lo esteticamente. Assim, as pessoas falam de "arrebatamento" em música, ou dizem que o violino tocou as cordas de suas emoções, ou que a mudança das cores no pôr do sol causa uma mudança correspondente em suas emoções. Para Jung a empatia é o centro de sua teoria estética. Diz ele que a pessoa ao olhar para o objeto artístico "torna-se o objeto, identifica-se com ele e dessa forma liberta-se de si mesma"[1]. Este é o segredo do poder catártico da arte – realmente a experiência estética coloca o artista ou o espectador fora de si mesmo.

Aristóteles descreveu classicamente como o fato de assistir a uma grande tragédia dramática purifica a alma do espectador, exatamente porque a tragédia é encenada no palco da alma do próprio espectador enquanto ele vê a peça no palco real. O teatro é a forma de arte na qual se entende mais facilmente a empatia, pois aqui ocorre a mais óbvia identificação entre os atores e os personagens fictícios que eles representam, bem como a mais sutil identificação entre espectadores e atores.

Esta qualidade catártica da empatia está presente numa boa conversa. Na verdade, podemos julgar o valor de uma determinada conversação, perguntando quanto ela nos fez esquecer de nós mesmos. O aconselhamento tem essa função catártica em grande escala. O aconselhador deve esquecer-se de si quase completamente. É por isso que um período de aconselhamento intenso e verdadeiro libertará estranhamente o aconselhador de seus próprios problemas. Ao mesmo tempo, sentir-se-á curiosamente fatigado, da mesma forma que o artista fica fatigado após duas horas de pintura.

Adler reconhece na empatia uma das funções criativas da personalidade e diz:

> A empatia ocorre no momento em que um ser humano fala com outro. É impossível compreender outro indivíduo se não for possível, ao mesmo tempo, identificar-se com ele... Se buscarmos a origem dessa capacidade de agir e sentir como se fôssemos outra pessoa, iremos encontrá-la na existência de um sentimento social inato. Na realidade ela é um sentimento cósmico e um reflexo do encadeamento de todo o cosmo que vive em nós. É uma característica inevitável de ser um ser humano[2].

Um princípio no estabelecimento das relações diz respeito à *habilidade de se usar a linguagem da outra pessoa*. A linguagem é o canal ordinário da empatia, e duas pessoas que chegaram a certo grau de identificação pessoal vão automaticamente usar um modo comum de falar. De fato, é possível medir o grau de empatia do ministro com seus fiéis, do professor com seus alunos pela habilidade que têm de usar a linguagem de seus ouvintes. Enquanto vivia com muitas outras pessoas na Europa, observei que, quando a outra pessoa, digamos meu colega francês, falava em inglês para facilitar minha compreensão, sentia minha empatia apenas de leve. A pessoa, por assim dizer, estava vindo a meu encontro. Mas quando fui à Grécia e conversava com os camponeses das aldeias, experimentava grande empatia com eles. A conclusão é que podemos melhor nos identificar com o outro, usando a linguagem dele.

Jung descreveu o processo de *fusão* que aqui ocorre, em que tanto o aconselhador quanto o aconselhando se transformam: "O encontro entre duas personalidades é como o contato entre duas substâncias químicas. Se houver qualquer reação, ambas se transformam. Esperamos que o médico tenha uma influência no paciente em todo o tratamento psíquico eficiente, mas esta influência só poderá ocorrer, se ele também for afetado pelo paciente"[3].

A fonte original da capacidade empática é encontrada, tanto quanto podemos determinar, na habilidade dos povos primitivos de se identificarem uns com os outros, com sua comunidade e com o totem. Isso é chamado "participação mística" (*participation mystique*). Lévy-Bruhl, o grande antropólogo francês que se dedicou a esse assunto com particular profundidade, diz que as pessoas primitivas se identificam tanto umas com as outras e de modo tão completo, que criam uma "comunhão de essência (e um) *continuum* de forças espirituais. Sente-se imediatamente uma certa comunhão de existência não só entre membros de uma mesma família totêmica, como também entre todas as entidades de quaisquer tipos que façam parte da mesma classe e que estejam unidos em comunidade mística"[4]. A criança sente o efeito do que seus pais comem, e o caçador, distante na floresta, sente a influência do que sua esposa come ou faz na aldeia.

Isso pode parecer algo muito distante de nossa individualidade moderna na civilização, mas na verdade não o é. Nossa suposição de que as pessoas podem isolar-se e viver suas próprias vidas é superficial e ilusória; ela resulta da exagerada tentativa de sermos racionais e aplicarmos divisões lógicas à vida. As tendências nacionalistas modernas provam que o homem, mesmo na civilização, é uma criatura que possui maneiras de pensar e agir bastante coletivas. Se tivéssemos reconhecido isso mais cedo, não nos confrontaríamos agora com exageros tão diabólicos de psicologia coletiva como os que aparecem nos estados totalitários.

Ao participarmos da vida de outras pessoas ou objetos, adquirimos uma compreensão muito mais íntima e significativa a respeito deles do que nos pode proporcionar a mera análise científica ou a observação empírica. Pois "compreender", seja de coisas tão diferentes como uma bola de borracha ou um período da história, significa, na verdade, essa identificação entre o subjetivo e o objetivo, resultando numa nova realidade que transcende a ambos. Lévy-Bruhl acrescenta que isso é particularmente verdade na questão de nosso conhecimento de Deus. Seja qual for o conteúdo que demos a este termo, não podemos chegar a uma compreensão de Deus através de métodos puramente racionais e lógicos; o indivíduo deve participar em Deus. O termo usado geralmente para designar esse método é "fé". Lévy-Bruhl descreve-o de maneira mais completa, como "um contato direto e íntimo com a essência do ser por intuição e interpenetração, pela comunhão mútua de sujeito e objeto, pela imanência e pela participação completa e, resumindo, pelo que Plotino descreveu como êxtase"[5].

Para conhecer o significado da beleza, do amor ou de qualquer outro dos assim chamados valores da vida, devemos permitir-nos compartilhar deles. Assim, "experimentando-os", nós os conheceremos "em nós mesmos", como diz Keats. É rematada loucura pensar que podemos conhecer uma outra pessoa através de análises ou fórmulas. Em nosso caso, compreender e compartilhar se identificam. Em outras palavras, é impossível conhecer-se outra pessoa sem que a amemos, no sentido amplo da palavra. Mas essa situação significa que ambas as pessoas serão transformadas pela identificação resultante do amor.

É literalmente verdade que o amor opera uma mudança nas personalidades do amante e do amado. O amor pode desenvolver a tendência a torná-los mais semelhantes, como pode também levar a pessoa amada a seguir o ideal existente na mente daquele que ama. Por conseguinte, o amor possui uma tremenda força psicológica. É a força mais poderosa disponível no campo da influenciação e transformação da personalidade[6].

O aconselhador trabalha basicamente utilizando o processo da empatia. Tanto o aconselhando quanto o aconselhador saem de si mesmos e fundem-se numa entidade psíquica única. A vontade e as emoções de ambos passam a fazer parte desta nova entidade psíquica. Consequentemente o problema do aconselhando é transferido para essa "nova pessoa" e o aconselhador arca com sua metade do problema. E a estabilidade psicológica do esclarecimento, coragem e força de vontade do aconselhador se transferirão para o aconselhando, prestando-lhe grande assistência na luta de sua personalidade.

Deixemos bem claro que empatia não significa uma identificação de experiências com o aconselhando, como a que ocorre quando o aconselhador comenta: "É, isso também já aconteceu comigo quando tinha a idade X". Com raras exceções não há lugar para reminiscências do aconselhador no processo de aconselhamento genuíno. Tudo isso provém do egocentrismo e a empatia é, precisamente, o oposto do egocentrismo. As experiências pregressas do aconselhador não entram na situação de aconselhamento *como tal*. A finalidade é compreender o aconselhando segundo seu próprio padrão, único e singular. E se o aconselhador diz ou pensa: "Eu tive esse problema e o enfrentei dessa ou daquela maneira", ele estará se projetando na situação de uma forma que pode ser muito nociva. As experiências pregressas do aconselhador vão auxiliá-lo imensamente a entender o aconselhando – nesse aspecto, a experiência anterior é indispensável, mas ela só contribuirá indiretamente. Uma vez estabelecida a situação de aconselhamento, seria teoricamente desejável que o aconselhador esquecesse todas as suas experiências semelhantes. Sua função é esquecer-se de si mesmo, ser quase uma *tabula rasa* e entregar-se à situação empática.

2. A transferência mental

Surge aqui a questão referente à relação entre empatia e telepatia mental, ou outros aspectos especiais de transferência psíquica. A telepatia mental denota uma transferência de ideias entre pessoas por meios que escapam ao alcance de nossos sentidos conhecidos. Tem clara afinidade com o processo empático.

Empatia é o termo geral que designa toda e qualquer participação de uma personalidade no estado psíquico de outra, e a hipótese de telepatia está ligada a um aspecto dessa participação. A prova da existência da empatia não depende de uma comprovação definitiva da telepatia mental, pois a empatia, como já realçamos, ocorre em fenômenos do dia a dia, como a conversação e a simples compreensão humana. Mas, se a telepatia for provada cientificamente, como poderá acontecer no futuro, teremos então um exemplo vivo e irrefutável de um dos aspectos do interpartilhar das personalidades.

É certamente verdade que ocorre muito mais transferência psíquica entre as pessoas do que comumente se admite. Em toda a história as pessoas suspeitaram que ocorria uma transmissão de pensamento por meios que não a palavra ou o gesto, embora não o pudessem provar. Freud observou que isso ocorre especialmente entre pais e filhos, entre os quais, segundo acreditava, se constataram com clareza inúmeros exemplos de telepatia[7]. Freud sugere que a origem dos processos telepáticos possa ser uma mente "comum" entre as pessoas, semelhante àquela que predomina entre os insetos. Talvez tenha sido esse o método original e arcaico da comunicação entre os seres humanos.

Seria um obstáculo sério e desnecessário para a compreensão da personalidade humana fecharmos nossas mentes para a possibilidade da transferência psíquica, simplesmente porque a ciência experimental ainda não acumulou dados suficientes nesse campo. Na verdade, as próprias hipóteses que a ciência consegue comprovar experimentalmente são muitas vezes verdades afirmadas séculos atrás por filósofos e psicólogos intuitivos, como a teoria atômica*. Sugerimos, como a posição mais salutar, a admissão sincera de que

---

* A hipótese atômica foi lançada por Epicuro no século III aC, na Grécia, e foi revisada e reafirmada por Leibnitz, no século XVIII de nossa era.

grande parte da comunicação e entendimento entre as pessoas ocorre por meios mais sutis e mais intangíveis do que a palavra ou o gesto. Essa compreensão é, de forma geral, a empatia. E os métodos de comunicação específicos, físicos ou psíquicos, devem ser vistos como vários aspectos, ou instrumentos da empatia.

É comum ocorrer entre as pessoas muita comunicação por meio de pequenos gestos, dos quais elas não estão cientes, como nas quase imperceptíveis variações da expressão facial, nos gestos de retração a pensamentos desagradáveis e num leve brilho no rosto, indicando ideias agradáveis. A expressão facial, com seu número infinito de nuanças, reflete os pensamentos internos para aquele que os sabe ler. E aquelas atividades, até mesmo na forma da postura, ou a contração dos dedos, são uma expressão dos estados mentais internos. As pessoas leem muito mais coisas nas expressões não vocais de seus semelhantes do que elas mesmas se dão conta. Não temos ainda condições para poder afirmar onde a transferência física do pensamento termina e onde a não física começa.

Permitam-me relatar uma experiência própria, que acontece com frequência com a maior parte das pessoas, para ilustrar um outro modo de encarar a nossa questão. Amiúde, ao falar com outra pessoa, sinto uma estranha desconfiança de que ela está lendo mais nos meus pensamentos do que estou a dizer-lhe em palavras. Essa desconfiança faz-me experimentar momentos de susto. Então eu me pergunto: Por que devo sentir medo de que ela venha a descobrir o que está acontecendo em minha mente? Em seguida, lembro a mim mesmo que, na verdade, nada tenho a esconder dela. Ela pode ler meus pensamentos se quiser e, na verdade, estou muito disposto a ajudá-la com a palavra falada, em qualquer assunto pelo qual ela queira perguntar.

O detalhe a notar é que por esse pequeno artifício psicológico consigo ser mais honesto com a outra pessoa, isto é, consigo deixar de lado, até certo ponto, o pequeno jogo de falsidades mútuas que todos os seres humanos jogam uns com os outros a maior parte do tempo. Por estranho que pareça, eu me livro da falsidade por meio de uma *hipótese de telepatia mental*, supondo que a outra pessoa possa ler minha mente e que não há, pois, motivo para ocultar-lhe nada. Assim, a transferência psíquica tem seu lado ético na vida prática. Ela significa sinceridade. Se as pessoas pudessem ler as mentes umas das outras, não haveria mais lugar para a mentira. A sinceridade seria não somente a melhor, mas também a única atitude a tomar, pois a fraude seria impossível.

Quanto mais profundamente se penetra na compreensão psicológica, tanto mais difícil se torna mentir. Ainda existe a tendência de se tentar enganar os outros por maneiras universalmente difundidas, como passar a perna no outro. Mas o *insight* psicológico surge naquele exato momento para lembrá-lo de que realmente não há nenhum mérito definitivo em manter a melhor fachada. A compreensão disso desmascara a tendência a se enganar a si próprio e revela o verdadeiro motivo que se esconde por trás da falsa racionalização tentada pela vaidade. Pode-se admitir, como certas pessoas iletradas parecem temer, que a compreensão psicológica capacite indivíduos nocivos a serem mais diabólicos e inescrupulosos, pois eles poderiam aprender técnicas mais sutis de submeter os outros à sua vontade. Mas, na maior parte das vezes, isso não é verdade. De modo geral, é certo que a compreensão da psicologia profunda tenda a anular a possibilidade da desonestidade, impelindo assim a pessoa a uma maior honestidade.

Freud escreveu: "Pode causar surpresa geral a descoberta de que o impulso para dizer a verdade é muito mais forte do que se supõe. Talvez seja por causa de minhas atividades psicanalíticas que eu hoje quase não consigo mais mentir"[8].

Todo ser humano tem a tendência a enganar os outros, pois seu ego está sempre lutando por elevar o próprio prestígio às custas dos outros. Nas pessoas éticas, essa tendência não toma a forma de uma mentira direta, mas a de um contínuo empenho em aparentar algo diferente, geralmente algo melhor, do que realmente são. O purista que não reconhece sua tendência de enganar os outros é duplamente enganado. Seu ego já aprendeu o jogo tão bem que enganou completamente a si mesmo e abriu amplos meios para enganar o mundo. As motivações humanas sempre são mais ou menos influenciadas pelas propensões do ego, e isto deve ser percebido, juntamente com a consequente tendência a enganar os outros, antes de estar em condições de progredir para uma honestidade maior. Por isso, como tantas vezes observa Jesus, as pessoas "boas", que não admitem suas más tendências, podem ser piores do que as pessoas más que reconhecem suas faltas.

O enganar os outros e o enganar-se a si mesmo andam juntos. Na verdade, se uma pessoa nunca se enganou a si mesma um pouco, não enganaria por muito tempo os outros, pois reconheceria logo a insensatez de sua ação. Os dois tipos de engano podem ter sucesso temporário, mas no final falharão, mais desastrosamente ainda, por serem precisamente *fraudes*. Quanto mais penetrante for o *insight* de alguém nos mecanismos profundos da personalidade, tanto mais adquirirá a convicção de que é inútil tentar ludibriar a si mesmo ou aos outros.

Analisemos um exemplo do assim chamado engano inofensivo, a frequente e notória "mentirinha". Digamos que a Sra. Brown convide a Sra. DeWitt para um jantar. Por alguma razão, esta não deseja comparecer. Ela pode dar qualquer das desculpas convencionais, desde a morte de um parente até outro compromisso já assumido. Suponhamos que a Sra. DeWitt seja uma pessoa que não possua uma compreensão especial da natureza humana. Julgará que a Sra. Brown acreditou na sua mentirinha e deixará morrer o assunto. No entanto, podemos muito bem supor que a Sra. Brown desconfie de que a outra a enganou. Não ouvimos falar com muita frequência que as pessoas suspeitam que os outros as enganam, porque existem certas razões psicológicas pelas quais o indivíduo enganado não quer admitir o fato. Nesse caso, a Sra. Brown não mencionaria sua desconfiança publicamente; nem a seu marido diria qualquer coisa a esse respeito. Na realidade, ela vai sempre negar-se a admitir isso a si mesma, pois alimentar suspeitas significaria reconhecer que a Sra. DeWitt não desejava jantar em sua casa, e isso seria um golpe intolerável à sua vaidade. Assim, ela suprime a suspeita em seu subconsciente, pois, sendo a vaidade que manda, a Sra. Brown prefere o conforto de enganar-se do que encarar a verdade. Essa supressão poderá aparecer em seu próximo jantar social sob a forma de embaraço. Seja lá como for, isso em nada ajuda à saúde da personalidade.

A atitude construtiva que a Sra. Brown deveria ter tomado consistiria em francamente admitir suas suspeitas e perguntar sinceramente a si mesma a verdadeira razão oculta por trás do desejo da Sra. DeWitt de ficar em casa. Assim ela estaria em condições de voltar sua atenção para a correção dos erros que criaram uma perturbação no relacionamento entre ambas. Reconhecer francamente a situação – embora isso fosse baixar temporariamente o "prestígio do ego" da Sra. Brown – não resultaria necessariamente no desenvolvimento de um "complexo de inferioridade", pois ela entenderia que todas as relações humanas carecem de perfeição e que se pode muito bem reconhecer essa imperfeição. Isso a ajudaria a tornar as relações mais perfeitas.

Às vezes o indivíduo é perturbado pelo fato de tender, aparentemente sem poder evitá-lo, a pensar coisas pouco lisonjeiras acerca da pessoa com que está conversando. O mesmo processo de "depreciação do outro" está ocorrendo com a outra pessoa e, consequentemente, os pensamentos que uma "lê" na mente da outra não são muito apreciáveis. Ao experimentar isso, talvez a pessoa diga: "Acho que fulano não gosta de mim", mas, em geral, não mencionará suas suspeitas. O melhor é admitir a suspeita se a pessoa a sentir. Mas, na verdade, a desconfiança, nesse caso, não seria uma interpretação precisa da situação, pois não temos aqui o caso de uma pessoa "não gostar" da outra, mas simplesmente uma justaposição de egos em que cada qual procura prestígio e superioridade nessa relação.

É muito difícil para o ego aceitar uma posição de inferioridade. Se a pessoa realmente se sente inferior, recorrerá à "depreciação do outro", a fim de elevar-se a si mesma. Quanto maior a competição, quanto mais ciúme e inveja houver entre duas pessoas, maior será o desejo de "afundar" uma à outra. Certamente você já teve a experiência de, durante uma conversa, se surpreender com esta pergunta subconsciente: "O que posso encontrar de errado nessa pessoa?" Provavelmente depois ficou chateado consigo mesmo ao perceber o quanto se tornou "fofoqueiro". Mas a pergunta que vem ao caso é: "Por que preciso diminuir o outro?" O que significa: que sentimento de inferioridade existe em mim que faz com que me esforce por rebaixar o outro para que eu me eleve?

A transferência mental não consiste apenas em ideias hostis e negativas, mas pode também possuir um conteúdo positivo e amistoso. Ao conversarmos com uma pessoa amada, sentimos atitudes elogiosas e positivas na mente do outro. Isso é básico na formação do amor. *Ninguém pode amar sem utilizar o processo da empatia.* Ao longo de toda a história, os amantes convenceram-se de que ocorria muito mais comunicação entre eles do que a simples expressão física ou a palavra falada.

A confiança e a fé nas pessoas e outros aspectos de um bom *rapport* aumentam a eficiência da empatia. A empatia ocorre mais perfeitamente entre pessoas que se amam. Aqui existe uma condição de identificação de estados psíquicos que se desdobra dia a dia, até se tornar literalmente impossível demarcar onde a personalidade de um termina e onde a do outro começa. A hostilidade, a competição e o antagonismo diminuem as possibilidades da empatia. As atitudes continuamente negativas acabam tornando impossível a empatia e, mesmo, o mais simples entendimento entre as pessoas em questão. Ninguém pode entender seu inimigo, enquanto ele continuar sendo seu inimigo. Assim, embora a empatia seja um meio de transferência de atitudes hostis e amistosas entre as pessoas, o primeiro tipo de atitudes rompe as conexões e, progressivamente, destrói as possibilidades da empatia, enquanto que o segundo fortalece cada vez mais a ligação. *O segredo do sucesso nas relações pessoais é o uso da empatia de forma construtiva, positiva, amistosa e revigorante.*

Para concluir, afirmamos que aconselhador e aconselhando podem aceitar proveitosamente como possível a ocorrência dessa transferência mental e, por conseguinte, só haverá lugar para a honestidade. Isso significa que cada qual pressentirá o que o outro está pensando; assim, de nada adiantará perder tempo tentando enganar um ao outro. Eles podem aceitar a possibilidade de que suas mentes e corações estejam tão visíveis como se estivessem colocados sobre a mesa diante deles. Esta suposição significa um rompimento de barreiras. O aconselhamento evita, destarte, fazer qualquer jogo falso com o aconselhando, e este compreenderá que nada vai conseguir lançando mão de semelhantes artifícios. Esse é o significado verdadeiro da honestidade – uma demolição de barreiras, até que uma pessoa aceite a outra como ela realmente é. É natural que isso equivalha a um "despir-se" na presença do outro. Mas não existe experiência mais purificadora no mundo do que a nudez psicológica.

E, finalmente, esse é o verdadeiro significado da sinceridade – estar "sem cera", donde deriva a palavra. É uma atitude muito próxima, se assim podemos dizer, à que Jesus tinha em mente quando falou dos puros de coração, dos simples de espírito e daqueles cuja resposta era um simples *sim* ou *não*.

3. O segredo da influência

A discussão sobre a empatia leva-nos, finalmente, ao assunto da influência. Essa palavra é lugar-comum entre educadores, ministros e outras pessoas que entendem ser seu objetivo final influenciar pessoas. Mas raramente se analisou o termo com o devido cuidado. A literatura popular sobre "como influenciar" geralmente demonstra uma compreensão muito superficial do que o processo na verdade é e, assim, grande parte de sua orientação pode ser diretamente perigosa. A influência é um processo que atua principalmente no inconsciente. Uma melhor compreensão da influência nos capacita mais a nos proteger e aos outros contra os efeitos nocivos e insidiosos das várias ondas de propaganda que infestam como doenças nossa civilização.

A influência é um dos resultados da empatia. Onde houver empatia, estará ocorrendo certa influência e onde houver influência, podemos esperar encontrar certa identificação de estados psíquicos. A palavra tem sua origem na ideia astrológica primitiva de que um "in-fluxo" etéreo dos astros afetava as ações das pessoas. Essa é a primitiva compreensão mitológica do fato de que a influência ocorre em níveis profundos do inconsciente. As definições em dicionários incluem sinônimos como "indução", "efusão", "emanação", sendo todos processos empáticos.

Esforcemo-nos aqui por analisar a influência como ela aparece em suas diferentes formas. Há, inicialmente, a *influência de ideias*. Para citar um exemplo, no início do ano abordei determinado assunto com um grupo de jovens para o qual trabalhava como aconselhador. Esse mesmo assunto voltou à discussão seis meses depois, mais ou menos por acaso. Os jovens apresentaram ideias quase idênticas àquelas que eu havia sugerido meses antes. Eles haviam esquecido nesse ínterim a origem das ideias e as defenderam veementemente como se fossem suas. Todos os que trabalham com pessoas devem ter observado uma influência semelhante de ideias, em que as pessoas absorvem as ideias e delas se apropriam.

Uma segunda forma de influência é a que podemos denominar de *influência temporária da personalidade*. Nota-se muitas vezes o fato curioso de que duas pessoas, conversando uma com a outra, tendem a assimilar os gestos, tom de voz e estados psíquicos gerais uma da outra. Se uma delas irrompe, qual tempestade, quarto adentro e fala precipitadamente e com voz nervosa, a outra tende a assimilar essa tensão nervosa. Mas se a outra se contiver e falar de maneira calma e lenta, a primeira pessoa, gradativamente, perde sua tensão nervosa e absorve um pouco desse equilíbrio. A mesma forma de influência evidencia-se na maneira pela qual o embaraço se propaga num grupo social, em que uma pessoa constrangida transmite o contágio às outras, até que todas se tornem tensas. Isso é muito compreensível. Segundo o princípio da empatia, é impossível que duas pessoas ou mais se entreguem a uma verdadeira conversação sem se aproximarem dos estados psíquicos umas das outras.

Uma sugestão para os aconselhadores pode ser tirada dessas observações: O aconselhador sensível e experiente pode colocar o aconselhando num determinado estado de espírito, dentro de certos limites, assumindo ele próprio aquele estado de espírito. Esse também é o segredo da habilidade de certas anfitriãs em conseguir deixar seus convidados bem à vontade.

Há também uma *influência geral da personalidade* de forma mais permanente do que aquela que acima descrevemos. Isso ocorre quando um indivíduo assume até certo ponto o padrão da personalidade ou o papel de outro indivíduo. O aluno, por exemplo, assimila o tom de voz ou os gestos típicos de seu professor preferido. Os membros de uma igreja imitam muitas vezes os maneirismos de seu ministro. Grupos inteiros exibem padrões de comportamento, muitas vezes triviais e inconsequentes, que assimilaram de seu líder. Quando se encontra o discípulo de um certo líder, tem-se às vezes uma sensação estranha ao observar que certos gestos pequenos do discípulo não são realmente dele, mas de seu líder, e sente-se que é o líder e não o discípulo que está ali, assim como *é Hamlet e não o ator que se vê no palco*. O detalhe significativo é que essa influência é normalmente inconsciente, sendo que o aluno ou o discípulo não percebem que assimilaram o gesto ou tom de voz de seu mestre.

Como podemos explicar a influência?[9] Não como resultado do mero contato, como a água que se torna azul quando nela despejamos tinta. Certamente a influência se realiza devido a certos fatores existentes no ambiente do indivíduo. Mas ele *seleciona* esses fatores por um processo muito criativo e na maioria das vezes inconsciente. Uma vez que existe um número infindo de elementos em todo ambiente, um número infindo de pessoas pode, cada qual, receber uma influência diferente do mesmo ambiente geral.

Como toda pessoa luta para obter uma posição de maior prestígio e poder, agarra-se a qualquer corda que lhe é lançada, sob a forma de um padrão de comportamento que lhe dê a expectativa de ajuda em sua ascensão. Ela vê outras pessoas obtendo sucesso na realização do objetivo que ela escolheu para si mesma, e adota seus padrões de comportamento através da imitação inconsciente, ou parcialmente consciente. É ao longo da frente de batalha do ego por poder que o indivíduo se torna mais vulnerável à influência. Por exemplo, é sobre a pessoa vaidosa que os anúncios de baton e "fique-bonita-em-pouco-tempo" exercem maior atração. E a criança doentia escolherá para herói o policial ou o famoso general que possui grande poder, que ela deseja, mas não tem. Quando uma pessoa toma uma outra como seu "ideal", podemos julgar que ela deseja alcançar o objetivo realizado pela outra. Esse processo, em que o indivíduo se identifica parcialmente com sua personalidade ideal, representando assim o papel e assimilando os padrões do comportamento da pessoa ideal, é sem dúvida um processo empático.

É bom lembrar que na educação ética e religiosa o jovem não aceita o ideal que lhe é proposto como abstratamente "bom" ou "recomendável", mas sim aquele que lhe dá maior esperança de auxílio no sentido de alcançar a posição que deseja na vida. Coagidos, os jovens podem superficial ou conscientemente aceitar o ideal apresentado pelos educadores, mas o ideal que os influencia profundamente é aquele selecionado por processos no inconsciente. E assumir um ideal consciente e diferente pode prejudicar a unidade do desenvolvimento da personalidade e abrir caminho para a hipocrisia[10]. A identificação empática com um caráter mais ideal por parte do jovem é um método totalmente válido e eficiente na educação ética, mas surgirá como um derivado inconsciente da identidade de objetivos.

Uma vez que a influência é função da luta do indivíduo por prestígio e poder, segue daí que a pessoa que tem poder, num dado relacionamento, exercerá a influência. Em termos pessoais, esse poder significa *coragem social* que resulta de qualidades como a estabilidade, a maturidade e outros aspectos da clarificação. Numa determinada situação, é a pessoa com maior coragem social que exerce a influência e a de menor coragem social que a aceita. É claro que, comumente, o aconselhador, por possuir maior prestígio em virtude de sua posição e personalidade, exerce a maior parte da influência na situação de aconselhamento. Mas, se estiver cansado, ou se por alguma outra razão sua coragem estiver reduzida, o jogo pode virar. O aconselhador pode assumir o estado de espírito do aconselhando e permitir que ele dirija a entrevista. Num caso desses o aconselhando está aconselhando o aconselhador. E o aconselhador deve desistir da tentativa de aconselhar, até que sua coragem seja restaurada.

O fator verdade entra naturalmente em qualquer explicação da influência, especialmente quando se trata de influência de ideias. Se os jovens do primeiro exemplo acima não tivessem acreditado que as ideias eram verdadeiras, não as teriam aceito. Observadores acríticos são propensos a valorizar e supervalorizar o fator verdade, julgando que ele seja a única explicação importante da influência. Fale a verdade às pessoas, dizem eles, é quanto basta. Infelizmente nosso mundo não é tão ideal assim. Os grupos são capazes de acreditar em quase qualquer insensatez que se coadune com a luta de seu ego. A verdade ainda está no patíbulo – veja sua mutilação nos países fascistas. O público quer ser enganado, observa Adler, a quem ninguém pode acusar de cinismo. E podemos acrescentar que os indivíduos concordam em ser convencidos por uma mentira óbvia, porque acreditar nela aumenta seu prestígio. É certo que o indivíduo deve acreditar na verdade da ideia que o influencia, mas é capaz de se submeter a uma boa ginástica de racionalização para conseguir isso. *A capacidade de convencer*, podemos concluir com segurança, depende apenas parcialmente da verdade objetiva da proposição em questão.

Quando analisamos um caso de influência acentuada, nossa pergunta não deve ser: Por que uma pessoa teve o poder de influenciar a outra?, mas, sim: Que tendências havia na mente do outro, provavelmente no seu inconsciente, que tanto o dispuseram a ser influenciado? Deve existir uma propensão inconsciente para acreditar, ou seja, alguma predisposição à influência. Aqueles que procuram proteger os jovens de influências maléficas realizarão isso melhor não os resguardando – isso nunca dá certo em nosso mundo interdependente –, mas, sim, capacitando-os a adquirir satisfações normais e segurança de vida, de tal forma que não precisem ceder às influências que agem sobre suas tendências negativas[11].

Concluímos, assim, enfatizando várias das implicações especialmente importantes para aconselhadores. Primeiro deve-se notar que *o processo da influência é inconsciente em ambas as partes*. O aluno geralmente não está ciente do fato de que está imitando os gestos e os padrões de comportamento de seu professor preferido, e certamente o professor tampouco está ciente disso. O processo imitativo desenvolve-se como parte da *participação mística*. É como se as mentes inconscientes daquele que exerce a influência e do influenciado estivessem empenhados numa conversa da qual suas mentes conscientes não tomassem conhecimento. Isso nos conduz ao eterno truísmo de que aquilo que o aconselhador realmente é é que exerce a influência, não o conteúdo relativamente superficial das palavras que ele diz. "O que você é fala tão alto que não consigo ouvir o que você diz".

A segunda implicação é clara. Como aconselhadores, professores ou ministros, *carregamos uma responsabilidade*. Exercemos influência sobre os outros, quer queiramos ou não, quer eles queiram ou não, e é melhor reconhecermos isso francamente. O professor ou o ministro é como uma força magnética no *campus* ou na comunidade. Linhas de força emitidas por ele alcançam distâncias que ele não imagina. Se tiver uma tendência singularmente neurótica, será como o portador de uma doença contagiosa e todos na escola ou na comunidade estarão expostos à neurose infecciosa. Mas se ele se torna corajoso e tem a mente voltada para o social, será como um sol purificador e a comunidade inteira será desinfetada e ficará mais saudável por seus raios purificadores. Jung diz a respeito do terapeuta: "Todos esses princípios de orientação na terapia colocam o doutor diante de deveres éticos importantes, que podem ser resumidos numa única regra: seja você o homem através do qual quer influenciar os outros"[12].

Uma implicação final surge obrigatoriamente: *Como aconselhadores, devemos aprender a empatizar.* Isso envolve a aprendizagem do relaxamento mental, espiritual e físico, aprendendo a deixar o nosso si-mesmo penetrar na outra pessoa, dispostos a sermos mudados durante o processo. É um morrer para o nosso si-mesmo, a fim de vivermos com os outros. É o grande desprendimento de nosso si-mesmo que nos faz perder a personalidade temporariamente, para encontrá-la cem vezes mais rica na outra pessoa. "Se o grão de trigo, ao cair em terra, não morrer..."

PARTE II
Passos práticos

Quanto mais vivo, mais os seres humanos me parecem fascinantes e cheios de interesse...

Tolos e inteligentes, mesquinhos e quase santos, diferentemente felizes – todos são caros ao meu coração. Parece-me que não os compreendo devidamente e minha alma é inundada por um interesse inextinguível por eles.

Dos que conheci, muitos estão mortos. Receio que ninguém exista, exceto eu, que possa contar sua história, como eu gostaria de fazê-lo e não ouso. Como se tais homens nunca tivessem existido sobre a face da Terra...

As pessoas que mais admiro são as que não se realizaram totalmente, as que não são muito sábias, mas um tanto loucas, "possessas". "Pessoas de mente sã" despertam-me pouco interesse. O homem realizado, aquele que é perfeito como um guarda-chuva, não exerce qualquer atração sobre mim. Entendam-me. Sou chamado e mesmo condenado a descrevê-lo. Mas que posso dizer de um guarda-chuva, a não ser que é inteiramente inútil num dia de sol?

Um homem um tanto possesso não só me é mais agradável, como também é inteiramente mais razoável e está em maior harmonia com o ritmo geral da vida, um fenômeno ainda incompreendido e fantástico, que se faz por isso, ao mesmo tempo, tão desconcertantemente interessante.

MÁXIMO GORKI, *Duas histórias*
The Dial, set. 1927, p. 197-198.

V
LEITURA DO CARÁTER

A característica mais marcante do aconselhador é sua grande sensibilidade a pessoas – sensibilidade às suas esperanças, seus medos e tensões de personalidade. O aconselhador é particularmente sensível a todas as pequenas expressões do caráter, como o tom da voz, a postura, a expressão facial, e até mesmo o modo de trajar e os movimentos aparentemente acidentais do corpo. Assim, ele aprende a ler o caráter – não tão simplesmente como se estivesse lendo o proverbial livro aberto, mas como um viajante que atravessa um país desconhecido, achando tudo novo, interessante e tentando entender.

Tudo o que se refere à pessoa entra como uma pincelada na pintura do quadro da personalidade. Nada, nem mesmo o menor movimento, ou a menor mudança de expressão é insignificante ou acidental. A personalidade interna está continuamente se expressando através da voz, dos gestos ou trajes, e o único problema é a habilidade do aconselhador em perceber essas expressões e entender algo de seu significado. A estrutura de uma personalidade reflete-se em todas as atividades do indivíduo. Ela pode evidenciar-se em suas expressões externas como, por exemplo, na maneira de olhar para outra pessoa, no modo de apertar a mão ou de falar. De uma forma ou de outra, toda a personalidade pode proporcionar-nos uma impressão indelével que percebemos quase intuitivamente[1].

Neste capítulo faremos uma lista de vários pontos de orientação para a leitura do caráter[2]. Em primeiro lugar, devemos chamar a atenção para o seguinte: estas expressões de caráter variam um pouco de pessoa para pessoa, por isso o aconselhador deve ser *muito cauteloso em tirar conclusões*. O assunto é um tanto paradoxal, pois embora todo gesto ou expressão facial sejam significativos, são sintomas – como a boia na superfície da água – que conduzem, em todos os casos, a um tipo de personalidade singular. E, por conseguinte, os gestos e expressões de duas pessoas nunca devem ser interpretados exatamente da mesma maneira.

Gostaríamos de afirmar aqui uma precaução geral para os aconselhadores: *As hipóteses acerca do tipo padrão de personalidade de um indivíduo devem ser propostas apenas a partir de uma constelação de muitos fatores diferentes*. A postura e o tom de voz, a posição na família, o problema específico que o indivíduo descreve, as relações com os amigos e com o sexo oposto, o sucesso ou insucesso no trabalho, todos esses e muitos outros elementos são sinais de referência que indicam algo, mas nenhum é por si só base suficiente para uma conclusão. Nem dois, nem três, nem quatro, na verdade, são suficientes. Apenas quando se tem um grande número de sinais de referência, indicando bem claramente a mesma coisa, é que se pode começar a levantar hipóteses.

O modo como o aconselhando *se aproxima* dá ao aconselhador o primeiro vislumbre de seu caráter. Um passo firme e certo indica coragem, enquanto que um passo hesitante, mostrando que o indivíduo precisa renovar sua resolução a cada momento, indica timidez e um desejo geral de fugir da entrevista. Meu consultório de aconselhamento num estabelecimento escolar localizava-se, por acaso, no final do corredor, e o simples ouvir o aluno caminhar por esse corredor e bater à minha porta me dava uma impressão de como ele provavelmente seria. Um estudante, por exemplo, dava uns passos no corredor, parava um momento e avançava mais uns passos. Ao chegar à minha porta, batia como quem deseja pedir desculpas por estar batendo e esperava que ninguém estivesse. Outro tipo de estudante atravessava o corredor a largas passadas, fazendo ouvir o ruído de seus passos decididos, como um herói que faz sua entrada de estreia no palco, batia na porta de forma rápida e forte, e provavelmente a abria e entrava sem esperar o convite.

O modo de *apertar as mãos* há muito é considerado como uma expressão significativa de atitude e caráter. O aperto de mão "sem graça", em que a mão é retirada imediatamente, é quase como se o indivíduo dissesse: "não tenho vontade de conhecê-lo". Essa pessoa pode agir timidamente em relação a todas as outras, ou pode simplesmente estar com medo dessa entrevista específica. O aperto de mão forte e másculo, em que a pessoa agarra a mão da outra como se fosse um torno e a sacode entusiasticamente, como que para causar a impressão de que é um descendente direto de uma estirpe de pioneiros vigorosos, pode ser meramente o esforço de compensar um profundo sentimento de inferioridade. O aperto de mão é um símbolo de união entre pessoas e é um sinal de personalidade saudável, quando expressa simpatia sincera, interesse pela pessoa e desprendimento.

O significado do *trajar* é proverbial, e os seres humanos aprenderam através dos séculos a ler o significado dos trajes. Não é verdade que "o vestir faz o homem", mas é verdade que os detalhes do vestuário dão indicações importantes sobre as atitudes das pessoas que o usam. Freud explica isso do ponto de vista psicoterapêutico: "Tudo o que uma pessoa faz com suas roupas, geralmente sem o perceber, é importante para o médico e merecedor de sua observação. Todas as mudanças no vestuário habitual, uma negligência mínima como um botão solto, todos os sinais de exibição de partes do corpo querem expressar algo que a pessoa que assim se apresenta não quer dizer diretamente. Na maior parte das vezes ela está totalmente inconsciente disso[3].

O desmazelo no vestir, a falta de corte de cabelo, os cadarços soltos e assim por diante, nos dizem coisas sobre cujo significado não pode haver dúvidas. Por outro lado, a pessoa que é muito meticulosa com seu vestuário, que mantém suas unhas perfeitamente aparadas e sua gravata sempre impecável, pode, ao mesmo tempo, ser preocupada demais com detalhes em outros setores de sua vida. Muitos indivíduos, que desenvolvem o que chamaremos num capítulo posterior de neurose religiosa ou de compulsão, exibem em seu vestuário esse desejo exagerado de que tudo esteja perfeitamente limpo, arrumado e irrepreensível.

A mulher que pinta suas unhas de verde ou aquela que passa maquiagem em excesso está-nos dizendo com isso que quer nossa atenção. Ou ela não recebe suficiente e verdadeira atenção social, ou foi mimada e levada a exigir demais. Em ambos os casos, a pintura deve ser encarada como um sintoma de desajustamentos mais profundos na personalidade da mulher.

Os aconselhadores que demonstram uma singular ansiedade em relação à entrevista geralmente prestam uma atenção especial ao vestuário antes de comparecer. Quando, por exemplo, chega uma aconselhanda, obviamente enfeitada para a ocasião, o aconselhador pode inferir que ela esperou com ansiedade a entrevista e preocupou-se com ela. É claro que esse enfeitar-se pode indicar um interesse subjetivo, e provavelmente inconsciente, por um aconselhador homem. Torna-se então mais importante ainda que ele entenda o significado de seu cuidadoso trajar, para salvaguardar-se do elemento subjetivo da entrevista. O indivíduo que comparece a uma festa desleixadamente vestido está nos dizendo com isso que ele não se importa muito com o grupo que está na festa. Uma falta de cuidado habitual com a aparência externa indica uma falta de interesse geral por outras pessoas.

Ler o significado das *distâncias* é também de grande ajuda na compreensão dos indivíduos. Se o aconselhando toma uma cadeira próxima do aconselhador, podemos inferir uma atitude amistosa de sua parte. Enquanto que o sentar-se afastado indica a existência de uma barreira. Essa é a interpretação de Adler do significado das distâncias, que eu chamaria de um tipo de "geometria do amor". A simpatia, o interesse e outros aspectos do amor são indicados por um movimento *em direção a*, enquanto que o ódio e as emoções negativas são demonstrados por movimentos *para longe de*. Em nossa sociedade, naturalmente, as pessoas mantêm-se sob tal controle, que esses movimentos não são nada evidentes. Mas o aconselhador pode observar até mesmo numa leve sacudidela da cabeça, ou num movimento quase imperceptível de recuo, se uma pessoa se aproxima ou se afasta de outra. O ideal e a norma de personalidade saudável é, nesse caso, um movimento livre *em direção a*, a atitude de braços abertos para a vida ou, em outras palavras, uma atitude de amor objetivo. O indivíduo neurótico, que está sempre exibindo um movimento *para longe de*, é precisamente aquele que é incapaz de amar.

Um modo de "ler" os pensamentos de outra pessoa é simplesmente observar essas leves reações musculares a ideias que cruzam sua mente. Teoricamente, todo pensamento tem sua contrapartida em alguma mudança muscular no corpo. E se conseguirmos ler essas expressões – que são muito simples, sob a forma de um sorriso ou de um franzir da testa – desenvolveremos uma capacidade muito útil de compreensão do caráter de outras pessoas.

Há muitos sinais pelos quais o nervosismo pode ser observado durante a entrevista, como quando o aconselhando cruza e descruza constantemente as pernas, ou agarra os braços da cadeira com força, ou mantém-se de alguma forma tenso. Nestes casos perguntamo-nos por que o indivíduo tem que ficar nervoso ou, em outras palavras, o que está ele escondendo, ou contra o que está lutando interiormente? E a resposta a essas perguntas nos conduzirá ao seu problema de personalidade.

As expressões faciais são, naturalmente, de grande importância na leitura do caráter. A maior parte dos seres humanos desenvolveu a habilidade de ler com certa precisão o significado das expressões faciais espontâneas de seus colegas, mas normalmente acha impossível ver através de uma expressão fingida. O aconselhador deve ser capaz de ler a alegria, a dor e o medo expressos na face de uma pessoa; mas, por outro lado, deve também ser capaz de detectar a dor, mesmo que o outro simule equilíbrio e tranquilidade. A pessoa que está sempre sorrindo está provavelmente demonstrando um otimismo falso. Aquele que está invariável e perfeitamente equilibrado externamente está provavelmente compensando um medo real da situação.

Já me interessei por observar as características das faces de neuróticos, em fotografias e pessoalmente; apresentarei aqui algumas de minhas observações que podem servir de sugestões, embora nunca devam ser consideradas regras definitivas. As extremidades da boca de um indivíduo neurótico geralmente curvam-se para baixo. Isso torna a face "longa", que é a expressão do pessimismo, desânimo e falta de interesse social. Podemos esperar que um indivíduo assim seja lento em seus movimentos, que faça comentários sarcásticos e negativos e que apresente uma falta geral de capacidade de decisão. Os olhos dos neuróticos estão geralmente tensos e se mantêm mais abertos do que o normal, que é a expressão geral do indivíduo assustado. A cor de muitos neuróticos é pálida e doentia; isso é compreensível, pois a atitude neurótica é sinal de uma diminuição geral da vitalidade, e a pessoa tende a tornar-se realmente doente na parte somática por causa da desordem mental. A expressão neurótica se assemelha muito à expressão que todos nós apresentamos em momentos de grande fadiga, ou mesmo de medo ou preocupação.

Dostoievski, tão hábil em perscrutar a natureza humana, observou acertadamente: "Podemos reconhecer o caráter de uma pessoa muito melhor por seu riso do que por um monótono exame psicológico"[4]. É importante notar que o indivíduo neurótico acha muito difícil rir. Ele consegue escarnecer, ser sardônico e irônico e olhar de esguelha, como os vilões dos dramas de estilo antigo, pois nessas expressões os cantos da boca continuam voltados para *baixo*. Mas não consegue rir verdadeiramente. O riso verdadeiro é a expressão da saúde mental, um convite para a amabilidade, uma prova autêntica da atitude de quem está de braços abertos para a vida.

O tom de voz pode dizer-nos muito, pois existe música numa voz que expressa tanto uma atitude mental e espiritual definitiva, quanto numa peça de música sinfônica. Muitas vezes é possível saber, apenas pelo tom da voz de quem fala, o que ele quer dizer, mesmo quando usa palavras desconhecidas. A sinceridade é demonstrada por uma voz clara, a coragem pela firmeza, e o interesse pelas pessoas por uma voz tão inconfundível que não podemos fugir de seu contato. Certamente o indivíduo que engole as palavras, ou fala em voz tão baixa que é preciso esforço para ouvi-lo, não quer entrar em contato com você.

O nervosismo e a perturbação emocional aparecem mais claramente na voz. Se o aconselhando fala lentamente e com grande controle como George B., no caso do terceiro capítulo da parte I, podemos inferir que tensões psicológicas especiais existem em sua mente. Já vimos como podemos descobrir repressões e inibições, observando em que palavras o indivíduo hesita, confunde-se ou se repete. Ou, se o aconselhando "protesta demais", podemos duvidar se ele realmente acredita no que está dizendo. Ao enfatizar demasiadamente um argumento, dá provas da existência de dúvidas no seu próprio inconsciente quanto à verdade de sua afirmação (prova de que ele está tentando convencer a si mesmo e ao ouvinte). Com a astúcia que lhe era peculiar, Freud observou que, quando um escritor ou orador usa um estilo empolado e cheio de rodeios, temos o direito de perguntar o que ele está querendo nos impingir. Honestidade no falar significa objetividade, e aquele que elabora o tema ou apresenta uma voz nervosa, empregando circunlóquios, pode estar tentando atacar-nos pela retaguarda.

1. Esquecimento e deslizes

Não é nossa finalidade aprofundar-nos nesses assuntos tão fascinantes e gratificantes como a memória, o esquecimento, os deslizes da fala e as ações falhas, pois o aconselhador não lida diretamente com essas expressões do inconsciente do aconselhando. Ele deve, entretanto, possuir um conhecimento geral do significado desses fenômenos, se quiser entender a natureza humana em profundidade.

Nada se esquece por acaso. A anfitriã que se desculpa junto ao convidado: "Oh! sinto muito. Esqueci que você viria", ou a pessoa que roga: "Por favor, queira perdoar-me, não tenho boa memória para nomes", estão na verdade pedindo desculpas sob pretextos falsos. E o convidado, ou a pessoa cujo nome é esquecido, tem razão em se sentir um tanto ofendido. A memória trabalha com um propósito. Dentro do inconsciente do indivíduo ocorre um processo seletivo que separa as coisas de que deseja lembrar-se com mais destaque e afasta as outras. Podemos afirmar, provavelmente com toda segurança, que nada é realmente esquecido. O nosso problema consiste, portanto, em saber por que certas coisas são atiradas para o primeiro plano da mente, enquanto outras são empurradas tão para trás, que o indivíduo consegue evocá-las apenas com grande esforço e às vezes nem sequer isso.

Em seu primeiro trabalho, Freud notou esta estranha intencionalidade no esquecimento. Ele a interpretou em termos de uma seleção prazer-dor, concluindo que o indivíduo esquece aquelas coisas associadas a alguma experiência desagradável. Assim, o mecanismo do esquecimento introduziu Freud na compreensão do inconsciente. Mas a explicação de Freud é incompleta, pois amiúde nos recordamos de forma bastante nítida exatamente daquelas experiências que mais nos causaram dor, como um humilhante e embaraçoso passo social em falso. Adler, no entanto, penetrou mais fundo na questão, fazendo ver que o indivíduo se lembra daquelas experiências que têm um significado especial para o seu estilo de vida[5]. Partindo desse ponto de vista, Adler desenvolveu uma de suas mais úteis contribuições para a análise psicoterapêutica – o famoso uso das *lembranças da primeira infância* como um meio de se compreender o estilo de vida[6] de uma pessoa. Podemos explicar isso da seguinte forma: mil coisas aconteceram a John Doe, digamos, no terceiro ou quarto ano de infância, mas ele, esquecendo todas as outras experiências, lembrou-se apenas de uma. Por que essa imagem foi selecionada em seu inconsciente e afixada no primeiro plano de sua mente, como uma placa de orientação, durante todos esses anos? Obviamente essa lembrança da primeira infância deve possuir algum significado especial, e ela o possui, tendo o acontecimento sido verdadeiro ou imaginado. Adler conclui que uma lembrança tão remota, se corretamente interpretada, é uma foto instantânea em *close* da estrutura da personalidade do indivíduo.

Essa teoria revela-se verdadeira tanto na prática quanto na teoria em si, pois com frequência podemos ver na lembrança antiga as mesmas tendências gerais que a estrutura da personalidade do indivíduo manifesta vinte anos mais tarde. A compreensão das lembranças primitivas pode ser de valor para os aconselhadores, como observaremos no próximo capítulo, contanto que usem de muita cautela e prudência na interpretação.

Assim como a memória e o esquecimento, os lapsos da fala e os atos falhos são expressões do inconsciente do indivíduo. Nesses fenômenos o material inconsciente encontra expressão, apesar da censura do consciente, dando um salto repentino por sobre o cão de guarda. Tornou-se gracejo comum hoje em dia interpretar os lapsos da fala de um companheiro e divertir um grupo social, "psicoescandalizando" as pessoas à base de tais lapsos. As interpretações dadas nesse tipo de gracejo podem ser erradas, mas a teoria subjacente, ou seja, de que um lapso da fala diz realmente o que a pessoa está pensando, mas não quer dizer, é bastante precisa. Todos já tivemos experiências semelhantes àquelas de um amigo meu que estava apresentando um grupo de moças de uma associação feminina a uma personalidade importante, quando uma delas se aproximou, usando um chapéu incrivelmente grande. Para horror dela e divertimento do grupo, meu amigo a apresentou como "senhorita Chapéu".

Poderíamos contar muitas dessas histórias, mas salientaremos apenas a observação básica de que todos os lapsos e atos falhos devem ser vistos como tendo um significado, embora esse significado esteja por demais oculto para ser descoberto por alguém não iniciado. O garoto perde os livros escolares, mas não o equipamento de pesca. O estudante esquece o compromisso com o professor, mas nunca esquecerá o encontro com a loura segundanista recém-chegada! A dona de casa que está sempre colocando em lugar errado ou perdendo as chaves nunca se conformou, como já foi acertadamente observado, com a posição de ser uma dona de casa[7].

A interpretação de certos fenômenos nesse campo não é tão difícil e, em casos como esse, o aconselhador pode justificadamente usar de suas observações. Por exemplo, se um indivíduo chega sempre atrasado aos compromissos, ou os esquece completamente, temos base para levantar a hipótese de que existe em seu inconsciente uma atitude de hesitação, uma tendência de fugir do assunto em questão. Ou se uma pessoa esquece constantemente nomes, podemos inferir acertadamente que lhe falta o devido interesse social. A famosa afirmação: "Nunca tive boa memória para nomes" pode ser traduzida pela mais verdadeira: "Não tenho interesse especial por pessoas". Em todas essas generalizações aparecerão muitas exceções, mas, mesmo assim, a generalização tem certa validade e poderá ser útil ao aconselhador cauteloso e hábil.

O leitor que deseja penetrar mais profundamente nesta área tão fascinante da memória, lapsos e atos falhos, encontrará material em abundância[8]. Aqui ressaltaremos apenas que, embora o aconselhador não use esses fenômenos como o psicoterapeuta, ou seja, para intrometer-se no inconsciente do indivíduo, ele poderá, com muito proveito, usar de inteligência para descobrir seu significado, aumentando assim sua compreensão geral da natureza humana. Às vezes será capaz de interpretar esse significado, mas na maior parte das vezes não. Nesse campo ele está mais interessado em *observar inteligentemente* do que em tirar conclusões.

2. A constelação da família

Temos outro guia valioso para compreendermos a estrutura da personalidade de um indivíduo, isto é, a posição dentro da família na qual ele cresceu. É fácil entender por que essa posição na família deve ser significativa, pois a pessoa passa seus primeiros anos, os mais formativos, quase que inteiramente à mercê de sua família. As linhas principais da estrutura de sua personalidade são traçadas muito cedo em sua vida. Certos psicólogos dizem que isso ocorre até ao terceiro ano da infância, e o caráter posterior depende da maneira como ela usa essa estrutura original. Em nosso esforço por compreender qualquer pessoa é, pois, essencial que observemos sua posição dentro da constelação familiar.

Felizmente somos capazes de descobrir algumas tendências gerais relacionadas com certas posições na constelação familiar[9]. *O filho mais velho* numa família tende a possuir um senso de responsabilidade mais acentuado. Gozou de todo o amor e solicitude dos pais durante os primeiros anos e isto outorgou-lhe uma certa estabilidade. Também foram-lhe confiadas responsabilidades desde muito cedo, provavelmente tendo sido requisitado para ajudar a mãe em pequenas tarefas e mesmo na educação das outras crianças. É bem provável que tenha sido o depositário de confidências dos pais e tenha partilhado muito mais de suas decisões do que os outros filhos. O filho mais velho tende, assim, a defender a lei e a ordem, a ser conservador e amante da estabilidade. Alegoricamente, é como se ele estivesse tentando retornar àquele estado primitivo dos primeiros anos da infância, quando ocupava sozinho o trono das afeições de seus pais.

Essa posição vantajosa do filho mais velho há muito é reconhecida pelos costumes do povo na tradição de passar a coroa, o título aristocrático, ou mesmo a gleba de terra do camponês ao filho mais velho. A Sra. D., a primeira de cinco irmãos, exemplifica as características dessa posição na família. Uma de suas lembranças mais antigas era a de que auxiliava a mãe nos deveres do lar, recolhendo o jornal. Costumava ajudar regularmente a tomar conta dos mais novos, e sua mãe comunicava-lhe seus planos desde a mais tenra idade. Hoje em dia a Sra. D. ocupa uma posição de muita responsabilidade e realiza suas obrigações condignamente.

Encontramos tendências bem diversas no *segundo filho*. Este, quando vem ao mundo, confronta-se com um rival que já tem um ou dois anos de idade. Durante os anos de infância e meninice sempre teve que seguir os passos de alguém capaz de andar, falar e fazer muitas coisas antes dele. Por isso, o segundo filho sente a presença constante e viva de sua inferioridade, e se desdobra como um atleta, tentando ultrapassar quem corre à sua frente. Mas o destino quer que o mais velho tenha sempre a vantagem no crescimento e no tamanho, e é provável que o segundo, por mais que se empenhe, não consiga alcançá-lo. Ele pode dominar uma atividade especial na qual supere o mais velho. A situação se complica também pelo fato de que o mais velho pode sentir ciúmes do segundo, encarando-o como um presunçoso que veio para desalojá-lo da posição que desfrutava nos afetos dos pais. Naturalmente que todas essas atitudes estão profundamente enterradas no inconsciente e, na maior parte das vezes, o indivíduo nunca admitirá essa rivalidade com o irmão ou a irmã, embora existam sinais evidentes de sua existência.

O segundo filho, por conseguinte, tende a desenvolver uma ambição exagerada e o hábito de esforçar-se sob tensão maior. Também tende a ser revolucionário. Sua situação anterior não foi das melhores e podemos pintá-lo alegoricamente como um ser desejoso de mandar tudo às favas e começar tudo outra vez, num pé de maior igualdade. Frequentemente o aconselhador depara com exemplos vivos desse modo de ser do segundo filho, caracterizado pela inferioridade e ambição. George B., o reformador extremamente ambicioso do caso estudado no capítulo terceiro, como nos podemos lembrar, era o segundo filho, depois de uma menina, o que torna a situação ainda mais séria, porque as meninas desenvolvem-se fisicamente de forma muito mais rápida do que os meninos nos primeiros anos.

Aqueles que nascem entre o segundo e o caçula ocupam posições menos significativas e pouco se pode prever acerca deles. Mas *o filho mais novo* foi reconhecido através de toda a história como aquele que ocupa uma posição especial. Em muitos contos de fadas é a filha mais nova que casa com o príncipe, ou o filho mais novo que adquire grandeza através de uma habilidade incomum e torna-se o salvador de toda a família.

Esse caçula, normalmente, é o depositário de uma afeição extraordinária durante a infância e a juventude, não só por parte de seus pais, como também de seus irmãos e irmãs mais velhos. Todos esses adultos o ajudaram, fizeram coisas para ele, tomaram conta dele e, sem dúvida, esforçaram-se por instruí-lo e educá-lo. Por isso, o caçula pode adquirir uma atitude particularmente afetuosa em relação ao mundo e uma expectativa geral de que amará e será amado por todos. Todos nós conhecemos caçulas extraordinariamente amáveis. Mas o perigo reside em tornar-se ele mimado demais e, consequentemente, esperar que o mundo sempre o conforte e afague. E quando ele descobrir que isso não acontece, pode assumir uma atitude desleixada e azeda. A Srta. R., um exemplo de filha mais nova, era uma pessoa extremamente encantadora e atraente. Mas seu problema de personalidade era resultado de uma expectativa de que o mundo fosse por demais bom, bonito e ideal. Ela tendia a tornar-se cínica e desconfiada quando suas esperanças eram desfeitas.

Por outro lado, a criança caçula pode interpretar sua situação como de inferioridade, já que seu mundo é constituído de adultos poderosos e, consequentemente, pode desenvolver uma forte ambição, a ponto de jurar que ao crescer superará todos os demais.

Vamos agora ao *filho único*. Há muito se reconhece a dificuldade de sua posição. Todo o amor e a atenção dos pais foram acumulados nessa criança. Seus pais prestaram-lhe uma atenção toda especial, por medo de que algo pudesse acontecer a ele, seu único filho. A criança recebe, assim, muito mais atenção e esforço educativo do que aquelas que têm irmãos e irmãs. Esse filho único tampouco tem a experiência dos contatos sociais e não aprende a viver com outros indivíduos, o que não acontece com crianças de famílias mais numerosas. Tudo isso quer dizer que essa criança tem mais probabilidade de ser mimada, desenvolvendo assim uma atitude de carência e de dependência face à vida. Ela pode esperar que o mundo lhe venha ao encontro, como realmente acontecia na sua infância. E quando isso não se dá, ela sente em seu íntimo que foi traída e toma uma atitude ressentida e acovardada diante da vida.

O quadro que o filho único enfrenta, entretanto, não é totalmente negro. Ele possui maiores possibilidades de desenvolvimento do que outras crianças, pois foi alvo dos esforços educativos combinados de ambos os pais e certamente teve mais oportunidades para autodesenvolver-se. No caso do filho único, assim como em todo desenvolvimento da personalidade, os maiores perigos vêm lado a lado com as maiores possibilidades.

A Srta. Helen M. era filha única. Até aos vinte e sete anos os pais tomaram a maior parte de suas decisões. O pai cumulou-a de afeto, mas ao mesmo tempo era muito autoritário. Sua lembrança mais remota era a de uma surra que certo dia levou de seu pai a caminho de casa, depois de haver-se perdido. Observamos aqui um erro que os pais cometem com frequência, ou seja, o de proporcionar um afeto fora do comum à criança e, ao mesmo tempo, disciplinando-a severamente; as duas coisas tendem a estragá-la. Esses pais são particularmente rigorosos e severos com a criança porque veem o perigo que existe em seu amor exagerado. Depois retornam a ela com grande afeição para equilibrar a disciplina. Continuam agindo assim, até que a criança não sabe mais o que fazer neste mundo estranho. Quando a Srta. Helen M. partiu para a faculdade, estava tomada de um sentimento de inferioridade opressivo, embora fosse, na verdade, muito atraente. Observamos aqui que o sentimento de inferioridade não é um indício de uma inferioridade real, mas sim uma interpretação que o indivíduo faz de sua situação. Em muitos casos é meramente uma técnica empregada pelo indivíduo para separar-se de seu grupo social. A Srta. M. teve dificuldade em relacionar-se com os outros estudantes no *campus* e, consequentemente, manteve o costume de fugir para casa com frequência. Após a formatura, ela obteve um emprego como professora.

Mas a tensão dessa nova situação, que exigia dela independência e decisões próprias, era tal que, mesmo morando em casa, sofria longas crises de choro, muitas vezes não conseguia dormir à noite e estava à beira de um colapso nervoso. Na época do aconselhamento tinha vinte e oito anos, era solteira e não estava namorando. Um observador superficial, ao notar o quanto era atraente, ficaria surpreso com isso. Mas o estudioso mais profundo da natureza humana sabe que a coragem e a capacidade de tomar decisões importantes são pré-requisitos para o amor genuíno e mais ainda para o casamento. A criança mimada carece dessas qualidades. A Srta. M. revelou que estava "sublimando" seu instinto sexual – o que, como discutiremos num capítulo posterior, é um modo comum de fugir à responsabilidade de resolver o problema sexual. Contudo, era uma mulher muito inteligente e através da compreensão de si mesma e de sua situação podemos prever que será capaz de desenvolver a coragem e a independência necessárias, usando assim seus talentos e aptidões num trabalho socialmente construtivo e, ao mesmo tempo, resolvendo o problema de sua vida amorosa de forma criativa.

Para concluir, afirmaremos que outras posições dentro da constelação familiar produzem efeitos especiais no indivíduo. Gêmeos, por exemplo, tendem amiúde a se desenvolver em oposição mútua, escolhendo cada qual campos diferentes, nos quais procuram especializar-se e superar o outro. Um menino criado numa família de meninas mostrará certas tendências, assim como uma menina nascida numa família só de garotos. Às vezes o aconselhador pode obter dicas valiosas, descobrindo a que membros da família o aconselhando era mais apegado e aqueles com os quais não se entendia bem.

Compreendendo os antecedentes da família, conseguimos uma perspectiva do caráter do aconselhando. Temos uma ideia do caminho que ele percorreu e, por conseguinte, somos mais capazes de entender sua situação quando chega até nós. A direção que ele está tomando torna-se então mais clara para nós. E essa direção, dentro de nossa compreensão dinâmica da personalidade, é a questão de maior interesse. Às vezes, quando estou aconselhando, tenho rápidos lampejos da pessoa aos seis, dez ou vinte anos, quase tão nítidos como se ela se houvesse tranformado, por um momento, em sua forma infantil perante mim. Como aconselhador nunca me permito levantar quaisquer hipóteses acerca de um indivíduo, enquanto não conheço seus antecedentes. Na verdade, não se pode fazer isso, pois é como tentar resolver uma equação na qual falta um número. Em casos onde esses antecedentes não podem ser identificados – como no caso em que se tecem conjeturas a respeito da pessoa exausta, sentada à nossa frente num bonde – surpreendemo-nos automaticamente levantando hipóteses de antecedentes imaginários.

Devemos deixar bem claro que os antecedentes familiares não devem ser encarados como uma *causa* total da presente situação do indivíduo. Não devemos cair num determinismo fácil nesse ponto. Um aconselhando pode tentar culpar por seu problema atual algum elemento de seu ambiente de infância, mas, na medida em que ele vê a si próprio ainda como um produto de causa e efeito, seu reajustamento de personalidade será impedido. Depois de admitir toda a força do ambiente da infância e depois de fazer ver ao aconselhando muitos aspectos dessa influência da qual ele nem suspeitava, é função do aconselhador indicar insistentemente que a preocupação atual é saber como esses antecedentes devem ser *usados* para o ajustamento mais criativo. Estando claro que o mais velho tende a ser conservador, não há limites para o uso socialmente construtivo a que pode ser dirigida essa tendência sob a forma de responsabilidades sociais. E uma vez que o segundo tende a ser revolucionário, é bom lembrar que muitos dos maiores benfeitores da sociedade e dos indivíduos que realizaram um ajustamento bastante criativo das tensões de sua personalidade foram reformadores que dirigiram suas ambições para o serviço à humanidade. Os antecedentes do indivíduo são um auxílio para a compreensão, mas não uma explicação completa. O âmago do problema de personalidade ainda permanece na área mais interior da livre criatividade do indivíduo.

Ao longo deste capítulo, você vem sentindo que muitas das observações feitas são artificiais e, possivelmente, até um pouco perigosas. Concluiremos como começamos, com a advertência de que as hipóteses sobre a estrutura da personalidade do indivíduo devem ser propostas apenas a partir de uma constelação de muitos fatores diferentes. Todas as considerações que descrevemos – a postura do aconselhando, seu modo de falar, sua posição na família, suas lembranças da primeira infância, o que ele esquece ou os deslizes que comete na fala, a natureza do seu problema atual – todas elas dizem algo ao aconselhador atento. Quando uma maioria desses pontos de referência indica a mesma coisa, o aconselhador pode começar a levantar uma hipótese, mas nunca antes. Usamos o termo "hipótese" com precaução, porque nunca se pode tirar conclusões finais ao lidar com uma personalidade. Esse material não é tão estático. Achei por bem escamotear as observações em minha mente, adiando a formulação de uma hipótese até que, repentinamente, os fatos se organizassem como que por si mesmos.

O propósito deste capítulo foi sensibilizar o aconselhador. Não desejamos equipá-lo com um conjunto de regras. Deus nos livre! Desejamos, sim, ajudá-lo a tornar-se mais atento a um número infindo de modos de "sentir" o caráter e fazê-lo tão sensível a pessoas, que esta leitura – digamos esta *apreciação* – de seu caráter torne-se uma segunda natureza. Para as generalizações feitas acima existe toda uma gama de exceções. A nossa discussão procura sugerir e estimular, ao invés de codificar. E existem milhares de modos de compreender o caráter, que nem sequer mencionamos. Esperamos que o aconselhador se esforce por explorar esses modos por si próprio. Entender as pessoas: este é o trabalho do aconselhador.

Há algum perigo nessa ênfase dada a leitura do caráter de outras pessoas? Haverá alguma objeção por parte delas, o que às vezes se alega, se elas se sentirem alvo de um "estudo" constante? Naturalmente, isso ocorrerá se procedermos como alguém que vai xeretar nos aposentos particulares da pessoa. Este tipo de "análise" opõe-se diretamente àquilo de que falamos. Ela é feita porque o analista quer se colocar acima das outras pessoas, "para ter a ficha delas". O verdadeiro aconselhador procede de forma totalmente diferente. Ele procura compreender as pessoas do ponto de vista da apreciação. E longe de fazer qualquer objeção, as pessoas prezam esse tipo de compreensão, pois eleva o prestígio daquele que é compreendido e o ajuda a tomar conhecimento do seu valor como pessoa. Essa compreensão rompe as barreiras que separam as pessoas. Ela retira, por um momento, o outro ser humano da solidão de sua existência individual e o acolhe na comunidade com outra alma. É como convidar um viajante para entrar e aquecer-se perto do fogo de nossa lareira após uma jornada através do frio e da neve. Não seria demais dizer que essa compreensão é a forma mais objetiva do amor. É por isso que existe sempre uma tendência no aconselhando de sentir um certo amor por seu aconselhador, essa pessoa "que me entende".

Há neste mundo poucos dons, dentre os que uma pessoa pode transmitir à outra, tão valiosos quanto a compreensão.

VI
CONFISSÃO E INTERPRETAÇÃO

Tendo feito o contato com o aconselhando e estabelecido o *rapport*, encontramo-nos no estágio central da entrevista: a *confissão*. Esse estágio consiste em o aconselhando "pôr para fora tudo". Esta é a *viga mestra* tanto do aconselhamento, como da psicoterapia. De fato, a confissão é tão importante que os aconselhadores podem manter a prática iniciada pelos psicoterapeutas, ou seja, a de reservar pelo menos dois terços de cada hora para que o aconselhando fale.

Depois que o aconselhando revelou seu problema, descreveu sua situação e pôs as cartas na mesa, ocorre o estágio da *interpretação*. Durante esse período, aconselhando e aconselhador examinam os fatos trazidos à luz e esforçam-se por descobrir através deles a estrutura na personalidade do aconselhando, onde se localiza a fonte de seu desajuste. A interpretação é uma função que resulta da cooperação entre aconselhador e aconselhando. No estágio da confissão o aconselhando está na ribalta e praticamente fala sozinho. Mas na interpretação o aconselhador vai prevalecendo. Primeiro, simplesmente fazendo perguntas esclarecedoras. Depois, oferecendo pontos de vista sugestivos e, finalmente, exercendo sua influência empática sobre o aconselhando.

Talvez possamos ilustrar mais eficientemente os estágios da confissão e da interpretação, narrando uma entrevista real. Descreverei, portanto, de forma condensada, uma entrevista de duas horas, usando tanto quanto possível as palavras exatas do aconselhando e do aconselhador. Este caso foi selecionado porque o aconselhando em questão era particularmente inteligente e, por conseguinte, a interpretação seguiu-se sem perda de tempo. Mas por essa mesma razão o caso não pode ser visto como típico, pois a maior parte dos aconselhandos requer um processo muito mais lento. No final da narração faremos um sumário, examinando os pontos mais importantes que surgiram na entrevista.

1. O caso de Bronson

O Sr. Bronson, como chamaremos nosso aconselhando, era um professor universitário de filosofia da religião. Quando procurou o aconselhamento, notei que era um jovem inteligente e simpático. Apertou-me a mão cordialmente e mostrou uma atitude muito amistosa. Trocamos umas poucas palavras e, sem a habitual protelação, o Sr. Bronson entrou imediatamente em seu problema.

Bronson: Sou atormentado pelo fato de trabalhar sempre sob grande tensão. Parece que não consigo relaxar. Quando me acalmo de todo, adoeço. É muito estranho. No segundo dia de todas as férias sinto-me completamente esgotado e tenho de ir para a cama com algum resfriado, ou qualquer coisa semelhante (*Ele ri*).

Aconselhador: Isso é muito interessante. Conte-me mais sobre isso.

Bronson: Parece que eu tenho sempre a necessidade de algo que me impulsione, algo que esteja sempre me compelindo a continuar o trabalho. Sem essa forte compulsão externa eu simplesmente desmorono.

Aconselhador: Você quer dizer algo que o impulsione a lecionar?

Bronson: Sim, mas isso acontece também em outros aspectos de meu trabalho, como escrever artigos. Quando, por exemplo, tenho que fazer a recensão de um livro, leio-o, faço um resumo, animo-me e ponho-me a escrever. Então, depois de ter gasto um bocado de tempo com ele, eu o guardo e nunca chego a terminá-lo. Para falar a verdade, deve haver uma dúzia de artigos inacabados eu meu escritório, os quais nunca usei.

Aconselhador: É, você parece que trabalha sob grande pressão. Há quanto tempo você notou essa tensão?

(*A essa altura o aconselhador já observou algumas das manifestações exteriores do caráter do aconselhando. O Sr. Bronson senta-se de maneira amigável, sem o menor indício de hostilidade, mas seus movimentos são bruscos e visivelmente nervosos. De vez em quando, ele levanta uma perna e senta-se sobre ela, assumindo uma posição tensa. Seus olhos têm uma aparência um tanto fatigada e apagada, e sua tez é pálida.*)

Bronson: Sempre notei. Pelo menos até quando posso lembrar-me. Na escola eu trabalhava rapidamente e com afinco – eu era muito pequeno na época e tinha apenas 1,47m de altura, e era obrigado a usar a cabeça para conseguir o que queria. Assim consegui bons resultados escolares. Quando fui para a faculdade, continuei a trabalhar com a mesma tensão que mantenho até hoje. Sempre tive certo problema econômico que me perturbava.

Aconselhador: Descreva-me melhor a forma que essa tensão tomou em sua vida atual.

Bronson: O problema principal é que não consigo realizar o que quero. Quando tenho que fazer algo, como corrigir provas, por exemplo, adio essa correção e pego alguma coisa mais interessante. E, finalmente, quando chega o último momento, atiro-me ao trabalho com enorme fúria e termino-o num abrir e fechar de olhos. Quando trabalho com artigos é sempre de forma tensa também. Mas já aí eu sinto que devo fazer sempre um pouco mais, ler um ou dois livros mais, ou reescrever o artigo, porque está imperfeito. E, consequentemente, nunca o termino.

Aconselhador: Mas você nunca pensou que seu trabalho criativo podia ser melhor, se você não se mantivesse neste estado de tensão?

Bronson: Sim, já percebi isso muitas vezes. Mas em outras ocasiões sinto a necessidade de algo de fora que me empurre. Tenho medo incrível de cair numa situação onde eu não tenha esses impulsos externos, pois então eu estaria falido em pouco tempo. Sinto que leciono melhor quando me atiro ao trabalho com grande energia.

(*Notamos aqui uma incongruência no pensamento do aconselhando: reclama que o trabalho sob grande pressão lhe causa problemas e sente, contudo, que as compulsões externas são úteis, mostrando-se desejoso de mantê-las. Esta incongruência indica que as tensões, das quais ele reclama, são, na verdade, sintomas de algum desajuste mais profundo em sua personalidade. Ao afirmar que trabalha melhor sob tensão, não devemos julgar isso de maneira superficial, pois é natural que ele se sinta forçado a racionalizar o problema de forma semelhante.*)

Mas isso exige muito de mim. Na noite anterior à minha primeira aula de filosofia, não consegui pregar um olho. O mesmo aconteceu na noite anterior quando tive que dar uma aula no lugar do Professor Brown. Estava terrivelmente nervoso e transtornado dentro da sala, mesmo conhecendo todos os alunos.

(*Observamos pelo material até aqui apresentado que o Sr. Bronson não é anormal. Ele ocupa uma boa posição e é o que o mundo chama de um jovem bem-sucedido. Mas ele é potencialmente neurótico e poderia cair na neurose a qualquer momento em que a pressão aumentasse o suficiente, como veremos abaixo. Mais importante é a descoberta de que esse problema de personalidade está visivelmente inibindo sua realização criativa. Nesse aspecto ele evidentemente necessita ser "libertado". Então o objetivo do aconselhador, neste caso, é auxiliar o Sr. Bronson a reajustar as tensões de sua personalidade, para que: primeiro, a pos-*

sibilidade de que ele se torne neurótico no futuro seja diminuída e, segundo, seus poderes criativos sejam liberados.)

Aconselhador: Você já teve algum esgotamento por causa dessas tensões?

Bronson: No último ano da faculdade tive um colapso nervoso. Há pouco ficara noivo e isto me fez dar mais duro ainda. Repentinamente entrei num estado de desligamento – não conseguia estudar, nem fazer nada. Mandaram-me para a praia, onde passei três meses com minha irmã. Encontrava-me quase que em estado de coma. Dormia, acordava e praticamente nada fazia além disso. Mas finalmente voltei para a faculdade e terminei o ano. Noutra ocasião... (*Aqui o Sr. Bronson começa a rir*). Certa vez tive um período terrível. Telefonaram-me uma noite, avisando-me de que teria que dar uma aula muito importante sobre a Bíblia na manhã seguinte. Não conhecia muito bem o assunto, mas não consegui me livrar da aula. Fiquei acordado a noite inteira, com os músculos tensos e nervoso como nunca, tomando café e tentando reler algumas notas. Mas não consegui realizar nada. Na manhã seguinte, completamente tonto, tomei o ônibus, sem saber exatamente o que estava fazendo. Senti uma dor esquisita na base do crânio, como se algo não estivesse bem. Enquanto viajava de ônibus, olhei e vi a praia de Jersey e senti um forte desejo (*enfatiza esse detalhe*), sinceramente, uma atração quase irresistível de tomar o trem para Jersey e fugir de tudo.

Aconselhador (*rindo*): Bem, você chegou quase ao fim da linha.

Bronson (*também rindo*): Sim, eu sei que é dessa forma que as pessoas enlouquecem. Se eu acordasse na Califórnia e não soubesse como chegara lá, é claro que eles me internariam num manicômio. Mas eu não fui a Nova Jersey. Quando cheguei à sala de aula, vi que ela estava ocupada por um punhado de senhoras idosas, que não causavam medo a ninguém. Então entrei e mantive uma conversa fiada durante algum tempo. Mas, que experiência!

(*Até aqui a entrevista consiste inteiramente da confissão, em que o aconselhando simplesmente "põe tudo para fora". Isto continua durante mais tempo do que aqui reproduzimos. Agora o aconselhador deve obter do aconselhando certas informações necessárias.*)

Aconselhador: Qual sua idade, Sr. Bronson? E conte-me, se quiser, alguma coisa sobre sua família e sua posição dentro dela.

Bronson: Tenho 26 anos e sou o segundo em nossa família. Minha irmã é dois anos mais velha. Meu pai é ministro.

(*O aconselhando informa também que se casou aos 20 anos e tem sido muito feliz em suas relações com a esposa. Evidentemente, o fator sexual não tem um papel importante em seu desajuste.*)

Aconselhador: Você parece tremendamente ambicioso. (*Isso marca o início do estágio da interpretação. O aconselhador tentará agora ressaltar as várias relações existentes na personalidade, num esforço para encontrar a estrutura fundamental.*)

Bronson: Sim, sou muito ambicioso. Sempre trabalhei muito em busca de sucesso.

Aconselhador: Sabemos que uma ambição exagerada, quando o indivíduo não consegue refrear sua luta, está frequentemente relacionada a um profundo sentimento de inferioridade...

Bronson (interrompendo): É certo que já tive um complexo de inferioridade. Ele estava relacionado à minha pequena estatura durante a escola e sempre tive que lutar muito para conseguir um lugar ao sol. Também sempre estive junto a pessoas mais velhas do que eu. Na escola sempre estava alguns anos na frente dos garotos de minha idade.

Aconselhador: Você sabe o que significa sua posição dentro da família?

(*Bronson não sabe. Então o aconselhador explica brevemente como o segundo filho tende a desenvolver uma ambição pro-*

nunciada e que isso é mais acentuado quando a criança mais velha é uma garota.)

Bronson: Sim, isso parece encaixar-se perfeitamente no meu caso. Quando eu era muito jovem, recordo-me de que estava sempre tentando superar minha irmã. Ela era muito doente e isso facilitava as coisas. Arrumei uma encrenca tão grande quando ela foi para a escola, que meus pais foram obrigados a colocar-me na escola também, embora na época tivesse apenas quatro anos. Uma das razões pelas quais estudava tanto era para passar à frente de minha irmã.

(*É evidente que o Sr. Bronson tem uma visão extraordinariamente objetiva de si próprio e compreende com rapidez o significado das relações que o aconselhador ressalta. Naturalmente, esse fato acelera o processo de aconselhamento.*)

Aconselhador: Você pode contar-me uma lembrança da primeira infância? (*Explica brevemente o significado dessas lembranças.*)

Bronson: Pois não. Acho que tinha uns dois ou três anos quando isso aconteceu. Eu era conduzido ao mercado num carrinho, no qual viajava de costas. Quando estávamos na feira, o carrinho quebrou e o homem que trabalhava para nós teve que levar-me no colo para casa. Também lembro-me de um sonho que tive há muitos anos atrás. Fixou-se de tal forma na minha mente, que parece uma lembrança da infância. Sonhei que estava subindo uma escada para entrar no sótão de nossa casa. Quando cheguei ao último degrau, um macaco saltou de uma caixa verde no sótão e deu-me um susto, e eu caí da escada. (*Ele ri. O aconselhador a essa altura percebe as linhas gerais da estrutura de sua personalidade e explica sua hipótese ao aconselhando.*)

Aconselhador: O sonho é muito interessante. Podemos ver agora certas coisas bem distintas na estrutura de sua personalidade. Deixe-me resumi-las. Você disse que trabalha sob grande tensão que o mantém num nervosismo e que interfere na sua realização crítica. Concordamos que essa grande tensão era, na verdade, a expressão de uma ambição exagerada e que essa ambição estava relacionada a seu sentimento de inferioridade. Sua posição dentro da família ajusta-se a esse quadro. E aquele sonho nos dá algumas indicações mais – você se lembra de que subiu a escada até em cima e então caiu. Você sempre teve medo de cair ou, melhor dizendo, de falhar?

Bronson: Oh, sim! Na verdade, sempre tive. É isso mesmo.

(*Até agora a estrutura da personalidade do Sr. Bronson é a forma sintomática geral de inferioridade-ambição-neurose. Agora o aconselhador deve aprofundar a interpretação, a fim de descobrir os aspectos singulares dessa estrutura e a consequente tendência neurótica.*)

Aconselhador: Por que você deveria sentir medo do fracasso?

Bronson: Não sei. Nunca fracassei em nada realmente importante, mas sempre tenho medo de fracassar.

Aconselhador: Você parece temer uma catástrofe. Isto geralmente surge de uma desconfiança básica da vida, sentimento esse que o indivíduo deve observar cuidadosamente, para que algo de desastroso não aconteça. Você tem esse sentimento?

Bronson (*pensa um momento*): Sim, nunca vi a coisa por este ângulo. Mas acho que sou desconfiado e receoso da vida. Sinto que tenho que lutar contra isso a todo instante. Sabe, nunca consegui aceitar aquela afirmação de Jesus: "Não vos preocupeis". Acredito em Deus, mas mesmo assim tenho medo e uma profunda desconfiança; é muito sem lógica, não? (*A empatia estabeleceu-se bem, de tal forma que aconselhador e aconselhando parecem estar raciocinando juntos.*)

Aconselhador: Essa desconfiança da vida está ligada a seu sentimento de inferioridade; ambos representam um sentimento geral de insegurança. Não é de admirar que você sinta a necessidade de estar sempre se esforçando demais. Se você pudesse relaxar esse sentimento de inferioridade, conseguiria usar seus poderes criativos mais proveitosamente.

Bronson: Acho que o senhor tem razão. Agora, que passos devo dar para realizar isso?

(*Este é o momento crucial. O aconselhando pede conselhos. Se o aconselhador sucumbe à tentação, com sua lisonja implícita, e dá conselhos, ou mesmo orientações específicas, o processo sofre um curto-circuito que obstrui o verdadeiro reajustamento de personalidade do aconselhando. Explicaremos isso no próximo capítulo. Ao invés disso, ele deve utilizar esse pedido de conselho como um meio de fazer o aconselhando aceitar maior responsabilidade para si próprio.*)

Aconselhador: Você deseja regras sobre esse assunto, quer essas regras como imposições externas e as seguirá com a mesma tensão que manifesta agora. Isso vai piorar muito o seu problema. Seu desejo de possuir normas, como vê, origina-se da mesma desconfiança básica da vida.

Bronson (*após um momento de pausa*): Sim, compreendo. Mas, que devo fazer?

Aconselhador: É mais uma questão de relaxar as tensões artificiais e dar uma oportunidade às suas capacidades criativas. E para fazer isso você deve compreender melhor a si mesmo e superar essa desconfiança básica da vida. Voltemos à tensão específica em seu trabalho, que descreveu em primeiro lugar. Por que você sente que precisa ser dirigido por algo de fora?

Bronson: Bem, como o senhor disse, está ligado à minha posição na família. Adquiri o hábito de empenhar-me demais quando era jovem e simplesmente mantenho esse hábito (*Aqui ele tenta dar uma explicação evasiva para o problema, usando como argumento o ambiente da infância, para desfazer-se da responsabilidade, culpando um mau hábito pelo problema*).

Aconselhador: Não, não adianta simplesmente culpar o mau hábito. É lógico que o hábito tem algo a ver com o seu atual problema, mas o assunto é mais profundo que mera mudança de hábitos. É mais útil pensar que sua atual tendência exagerada ao esforço origina-se dos mesmos fatores da estrutura de sua personalidade que deram origem ao mesmo empenho de há dez anos atrás (*Há uma pausa. O aconselhando entra num impasse temporário. Não esperava que o assunto fosse tão aprofundado. O aconselhador aborda o problema de forma diferente, mas apontando sempre para o mesmo centro do problema*). Você parece ter um desejo muito forte de perfeição que provém do seu medo de fracasso. Você sente medo de ser imperfeito?

Bronson: Sim, sinto e de forma bastante acentuada. Por isso nunca publiquei meus artigos; acho que não são perfeitos.

Aconselhador: Mas você reconhece que ninguém consegue a perfeição neste mundo? Num momento ou outro, todo mundo falha.

Bronson: Sim, isso é certo.

Aconselhador: Você compreende que quem sempre exige perfeição nunca faz nada. Você nunca dará o último passo na escada, por medo de que algum macaco caia sobre você. É necessário ter a coragem da imperfeição para se viver criativamente.

(*Aproxima-se o término da entrevista. O aconselhador deve resumir a diagnose e concluí-la, aproveitando o relacionamento empático entre ele e o aconselhando.*)

Aconselhador (*curvando-se para a frente e olhando diretamente para o aconselhando*): Por que você desconfia da vida?

Bronson: Não sei. Mas quanto mais penso nisso, mais percebo que sempre tive esse estranho sentimento especial de insegurança e desconfiança.

Aconselhador: Podemos compreender essa desconfiança e receio da vida como provenientes de seu sentimento de inferioridade, o qual se acentuou durante a juventude pela sua baixa estatura e por sua posição na família. Mas você já não é inferior; você ocupa uma boa posição e certamente goza de mais segurança do que a maior parte das pessoas no mundo. Assim, você não precisa lutar contra a vida tão desesperadamente agora. Você pode dar-se ao luxo de *confiar* mais. Todos esses temores, noites não dormidas e grandes tensões são desnecessários. Você pode viver melhor sem eles. Esse medo exagerado do fracasso é um espantalho. Você não corre perigo de fracassar. O sonho pode ter sido verdadeiro uma vez, mas não o é agora, e você não precisa temer que um macaco vá saltar e assustá-lo. Você pode tomar coragem e deixar esse sentimento de inferioridade desnecessário evaporar-se. Você pode desenvolver a coragem da imperfeição e desta forma abrandar muito essa ambição impulsiva. Você precisa dar uma oportunidade às suas capacidades criativas. Isso significa confiar mais na vida e afirmá-la. Isso significa afirmar a si próprio, para que você possa criar sem ser coagido por nada que venha de fora.

(*Aconselhador e aconselhando estiveram olhando um para o outro diretamente. Este reflete durante um momento e torna-se consciente das novas possibilidades diante dele. Ao levantar-se para ir embora, Bronson expressa sua gratidão ao aconselhador e diz estando à porta:*)

Bronson: Olhe, eu acho que essa desconfiança da vida explica o motivo pelo qual estou me interessando tanto, ultimamente, por teologia sobrenatural. Através dela pude assumir ares de superioridade em relação ao mundo e condenar o homem, concluindo que o mundo era todo mau e só se poderia esperar uma catástrofe. Vejo agora que essa atitude está, provavelmente, ligada a meu pessimismo geral em relação à vida.

Aconselhador: É possível que sim. Você sabe mais sobre isso que eu. Você pode resolver essas questões em sua mente no futuro – as questões de sua desconfiança básica da vida e por que você sente que deve ser compelido por algo externo. Você constantemente obterá novos *insights* de como seus problemas surgem da estrutura de sua personalidade e assim será cada vez mais capaz de compreender a si mesmo.

2. Aspectos da confissão

Antes de discutirmos o estágio da confissão de modo geral, ressaltemos mais uma vez que o caso acima não deve ser visto como típico, ou tomado como base para julgamento de outras entrevistas. O Sr. Bronson possuía muito mais capacidade de encarar a si próprio objetivamente do que a maioria dos aconselhandos e, por isso, a entrevista progrediu mais depressa do que era normalmente de se esperar. Enquanto essa entrevista durou duas horas, habitualmente é necessário um período de três ou talvez quatro horas para se efetuar uma penetração tão profunda na estrutura da personalidade. O que ajudou também foi o fato de os fatores da personalidade do Sr. Bronson formarem um todo lógico de rara nitidez. O aconselhador deve estar pronto a enfrentar, normalmente, maiores dificuldades na descoberta das relações básicas da personalidade.

Observemos também que este caso não terminou com uma cura. O propósito de sua apresentação foi ilustrar a confissão e a interpretação. A questão da cura, ou seja, a transformação, será abordada no capítulo a seguir. O que desejávamos era iluminar o Sr. Bronson, ajudá-lo a compreender a si mesmo e não esperávamos que sua personalidade estivesse refeita ao deixar o recinto. Naturalmente, deu-se início a um processo de transformação, baseado na *compreensão* e *sugestão*, que são forças terapêuticas tratadas mais adiante. Essa entrevista não terminou com o problema do Sr. Bronson, todavia capacitou-o a vencê-lo por si próprio. Os resultados de uma entrevista dessas só podem ser observados após alguns meses, quando as sugestões tiverem tido tempo de produzir efeito no cotidiano do aconselhando.

Eis algumas orientações importantes para o aconselhador, que surgem de nossa exposição a respeito da confissão. Em primeiro lugar, respeitemos o princípio de que *o aconselhando é quem fala* durante o período da confissão. Esse ponto é, sem dúvida, óbvio, mas deve ser enfatizado, pois, se o aconselhando não "disser tudo" da forma mais completa possível, o aconselhamento não alcançará a raiz da questão. Podemos considerar quase como uma regra que, se o aconselhando não falar no mínimo dois terços do tempo, há algo de errado na maneira de conduzir o aconselhamento. O aconselhador deve ter cuidado com o que diz; toda palavra emitida deve ter uma finalidade.

Podemos compreender muito bem, como segundo princípio, que existe um *valor catártico na confissão em si*. O mero fato de o aconselhando haver desabafado seu problema na presença de um aconselhador objetivo e compreensivo tornou-o psicologicamente mais sadio. Ele libertou-se de algumas inibições, o que possibilitou um fluxo mais fácil do subconsciente para o consciente, desimpedindo o canal. Ao mesmo tempo ajudou-o a ver seus problemas sob a luz clarificadora da objetividade. Isso não significa que tenha o mesmo efeito benéfico se a confissão for feita a qualquer pessoa porventura disponível, seja ela o cozinheiro da comunidade, ou o pastor de ovelhas na montanha. A função da empatia é tal, que a pessoa a quem se faz a confissão está muito ligada ao valor catártico da confissão.

O aconselhador hábil consegue *dirigir a confissão do aconselhando para o problema central*. Ao contrário do Sr. Bronson, a maioria dos aconselhandos tende a fazer delongas e deter-se em tópicos de somenos importância, adiando o momento fatal em que deve confessar o problema real. Existem certos processos inconscientes no indivíduo que o levam involuntariamente a retrair-se da área melindrosa de seu problema. Isso significa que é necessário habilidade por parte do aconselhador para perceber o problema real por trás das afirmações irrelevantes. O costume de deixar o aconselhando começar a falar por onde quiser é bom, mas o aconselhador deve então abrir o caminho para que ele fale sobre o problema real.

Durante o período da confissão, o aconselhador deve ser *incapaz de sentir-se chocado ou ofendido*. Não houve nada de ofensivo no caso acima, mas na maioria das vezes, se houve o aprofundamento devido, vem à tona um material que, só de ouvir mencioná-lo, chocaria muitas pessoas. Mas se o aconselhador ficar chocado ou ofendido, perde naquele momento o direito de ser o aconselhador – pois essa reação é sinal de que o seu próprio ego se insinuou na situação. Na verdade, sentir-se ofendido é uma forma de fugir e proteger-se. Aquele que se sentir chocado pelo uso de certas palavras sexuais ou pela descrição de certas práticas sexuais não tem a qualificação de aconselhador nesta área. Isto tem uma importância especial, porque muitos aconselhandos tentam, consciente ou inconscientemente, chocar o ouvinte. Essa é uma das manifesta-ções de sua neurose. E se o ouvinte ficar chocado, a neurose do aconselhando torna-se pior ainda, o que destrói o valor da entrevista. A atitude do aconselhador deve ser de calma objetiva, baseada no fato de que nada que é humano é estranho, ou indigno de compreensão.

Transtornos emocionais durante a confissão são às vezes um alívio para o aconselhando ou indicam resistência. Quando o aconselhando chora no ombro do aconselhador isto muitas vezes não é sinal de sucesso do aconselhador como confidente, mas de uma entrevista malconduzida. Há uma tendência dos aconselhandos a transtornar-se emocionalmente, pois estão exprimindo ideias, temores e material reprimido que, possivelmente, nunca revelaram a ninguém. Muitos deles desmoronam e choram. Este é o momento em que o aconselhador deve exercer sua habilidade, mantendo-se calmo e preocupando-se com que esta calma seja transmitida através da empatia para o aconselhando. Às vezes é aconselhável deixar o aconselhando chorar um pouco. Mas, assim que terminar a tensão, o aconselhador deve ser cuidadoso ao demonstrar simpatia na entrevista, pois a simpatia, quando pessoal e subjetiva, pode acentuar os transtornos emocionais. A empatia é a melhor atitude, porque é objetiva e possui tudo o que a simpatia tem de benéfico. Não é possível exagerar a importância da empatia, pois nela está o segredo do controle do estado de espírito da entrevista.

Entrando agora no estágio da interpretação da entrevista, encontramos várias orientações importantes para aconselhadores. Em primeiro lugar, *a interpretação é função do trabalho conjunto do aconselhador e do aconselhando*. Não é de forma alguma o caso de o aconselhador decifrar a estrutura e apresentá-la na bandeja ao aconselhando.

Isso nos leva ao ponto mais específico, ou seja, que o aconselhador apenas *sugere interpretações*, sem afirmá-las dogmaticamente. Ele nunca diz: "Isto é isto", mas sim: "Isto *parece* ser isto", ou: "Isto *está ligado* àquilo", e espera a reação do aconselhando a esta sugestão. Como já dissemos anteriormente, todas as conclusões em questões de personalidade são de natureza hipotética e a verdade da hipótese é contingente à forma como ela opera numa dada personalidade.

Isso nos leva a uma terceira observação: o aconselhador deve ser capaz de *ler o significado das reações do aconselhando às sugestões*. Se o aconselhando aceita a interpretação sugerida pelo aconselhador, como procedeu várias vezes o Sr. Bronson, dizendo calmamente: "Sim, acho que é verdade", ambos podem aceitar a sugestão por enquanto. Mas se o aconselhando ficar indiferente e a sugestão parecer não fazer a mínima diferença, o aconselhador deve abandonar a ideia, concluindo que não atingiu nada de significativo. Se o aconselhando rejeitar a sugestão violentamente, protestando com veemência que ela não é verdadeira, o aconselhador pode concluir advertidamente que a sugestão provavelmente *é* a interpretação correta e que ele chegou próximo à raiz do problema. Mas na hora ele nunca deve insistir. Ele simplesmente retrocede, toma outra direção no assunto e deste novo ângulo aborda o mesmo centro do problema. Se o aconselhador acertar na interpretação verdadeira, seu aconselhando cessará a resistência repentinamente e admitirá como verdadeira até mesmo a sugestão anteriormente rejeitada.

3. Limitações do aconselhamento

Concluiremos esta seção com uma palavra sobre as limitações da técnica do aconselhador. Ele não pode esperar que trará à luz a estrutura total da personalidade do indivíduo e, na verdade, não é esta sua função. Sua função é, sim, primeiro ouvir objetivamente, ajudando assim o aconselhando a confessar e "ventilar" aspectos do problema. Em segundo lugar, auxiliar o aconselhando a compreender as fontes mais profundas da personalidade, de onde surge o problema. E, em terceiro lugar, salientar as relações que proporcionarão ao aconselhando uma nova compreensão de si mesmo e que irão capacitá-lo a resolver o problema por si mesmo. Quanto menos experiente for o aconselhador, tanto mais deve ser restringida sua atividade ao estágio da confissão, sendo a interpretação apenas sugerida cautelosamente. Mas, à medida em que se tornar mais experiente, será cada vez mais capaz de oferecer interpretações com bons resultados, que contribuirão para revelar as relações mais profundas da estrutura da personalidade.

Testes, questionários e outras formas padronizadas de obtenção de informações básicas a respeito de personalidades podem ser úteis, se empregadas com discrição. Se o aconselhador está num ambiente universitário, consegue, com frequência, formas adequadas tais como testes de aptidão vocacional e de preconceito pessoal nos departamentos de psicologia ou de sociologia da instituição. Muitas vezes os dirigentes da faculdade se dispõem a cooperar, a ponto de colocarem à disposição do aconselhador o QI do aluno já registrado no teste de admissão. O aconselhador provavelmente terminará por elaborar ele próprio um questionário para obter informações sobre a personalidade. Esse questionário deve incluir os itens básicos que sugerimos acima, como a família e seus antecedentes, a idade, assuntos como a saúde física, os passatempos preferidos, os interesses especiais e as amizades.

É recomendável que o aconselhador faça algumas anotações dos vários fatos de um caso, mesmo que só com o propósito de obrigar-se a ser objetivo e refrear seu pensamento ansioso. Pessoalmente, costumo anotar os fatos essenciais enquanto o aconselhando fala no período da confissão, sempre, no entanto, pedindo-lhe prévia permissão e assegurando-lhe que as notas serão destruídas ao término da série de entrevistas de aconselhamento, se ele assim o desejar. Estas anotações dão à entrevista um toque profissional e de algo bem organizado. É uma forma de ter sempre à vista todos os aspectos da situação. Outra vantagem ainda é que o aconselhador tem oportunidade de estudar os fatos entre as consultas, possivelmente adquirindo novos *insights* do tipo da personalidade do aconselhando. Após momentos de contatos casuais como em excursões ou passeios não programados, geralmente anoto os fatos significativos sobre o indivíduo para usá-los como antecedentes em futuros contatos com ele.

Quantas consultas deve o aconselhador planejar para um caso determinado? Naturalmente, isso varia. Muitas vezes apenas uma consulta é viável. Mas, sempre que se deseje penetrar mais profundamente na estrutura da personalidade, como em casos de problemas definidos da personalidade, é aconselhável planejar uma série de entrevistas. Costumo estabelecer uma série de seis entrevistas com duração de uma hora cada, sendo duas por semana. Marca-se um encontro para uma hora determinada, ao invés de se deixar o assunto na base do "passe aqui na próxima semana". Esse período de três semanas dá a ambas as partes – principalmente ao aconselhando – tempo para refletir sobre os *insights* descobertos em cada entrevista sucessiva. E devido aos processos assimilativos e seletivos da consciência, o nível do aconselhamento aprofunda-se a cada entrevista.

Não se recomendam períodos longos de consulta. Ocasionalmente orientadores de estudantes falam de entrevistas de três a quatro horas numa noite. Mas estas ocorrências estão geralmente ligadas a tensões emocionais que perturbam o aconselhamento. Após certo tempo, tanto o aconselhador como o aconselhando perdem o poder de objetividade e certas atitudes subjetivas inevitavelmente se insinuam na entrevista. Podemos concluir que comumente a melhor duração de uma entrevista é de uma hora.

VII
A TRANSFORMAÇÃO DA PERSONALIDADE

Consideremos agora o estágio final do procedimento no aconselhamento, a consumação e o objetivo de todo o processo – a transformação da personalidade do aconselhando. Durante os estágios da confissão e da interpretação, vimos que a fonte de seu problema era um ajustamento defeituoso das tensões de sua personalidade. Notamos que esse desajuste caminhava lado a lado com suas atitudes errôneas em relação à vida. As atitudes errôneas devem ser corrigidas na medida do possível, realizando-se assim um certo reajustamento das tensões. Chama-se isto de "transformação" porque, na verdade, a personalidade pode tomar uma nova "forma". O conteúdo da personalidade não muda necessariamente, mas a estrutura da personalidade, sim. É um reajustamento da constelação das tensões que constituem a forma da personalidade.

No processo do aconselhamento não remodelamos a pessoa completamente, a ponto de se tornar uma pessoa nova. O esforço é no sentido de libertá-la para que seja ela mesma. Isso significa iniciá-la na tarefa de transformar sua personalidade.

E como se faz isso?

1. Os limites do conselho

Em primeiro lugar, a *personalidade não se transforma pelo conselho*. Esse conceito errado deve ser destruído definitivamente. O verdadeiro aconselhamento e o dar conselhos são funções bem distintas. É claro que às vezes todos fazem o papel de conselheiro: o orientador deve dar ao calouro conselhos relacionados a certos cursos sobre os quais nada sabe, ou dá-se a um estranho o conselho sobre o ônibus a tomar para chegar ao centro da cidade. Mas em nenhum desses casos lidamos diretamente com a personalidade do indivíduo. Não existe compreensão profunda no processo e muito pouca empatia. O conselho (usando o termo em seu sentido corriqueiro) é sempre superficial. São orientações que vêm de cima, trânsito em mão única. O aconselhamento genuíno opera-se numa esfera muito mais profunda e suas conclusões são sempre o resultado do trabalho conjunto de duas personalidades num mesmo nível.

Os psicoterapeutas não medem palavras ao rejeitar a posição de conselheiros. Muitas citações poderiam ser trazidas do mesmo teor que a seguinte de Freud: "Ademais, asseguro que estais mal-informados se julgais que o conselho e a orientação nos problemas da vida são parte integral da influência analítica. Muito pelo contrário, rejeitamos tanto quanto possível esse papel de mentor. Acima de tudo desejamos obter decisões independentes por parte do paciente"[1].

Dar conselhos não é função adequada do aconselhamento, porque viola a autonomia da personalidade. Todos concordam que a personalidade deve ser livre e autônoma. Como pode então uma pessoa justificadamente entregar decisões prontas a outra? Eticamente não se pode fazê-lo e na prática também não, pois o conselho, vindo de cima, nunca efetiva qualquer mudança real na personalidade alheia. A ideia nunca se torna parte do aconselhando que a descartará na primeira oportunidade. Falando em termos práticos, no entanto, o aconselhador é muitas vezes procurado para dar conselhos em assuntos que não são estritamente problemas de personalidade. Em tais casos poderá dar conselhos de quando em vez, mas deixemos bem claro que nesse momento não está praticando um aconselhamento genuíno.

Às vezes o conselho pode funcionar como uma autêntica sugestão, em que o indivíduo refaz, por si próprio, a decisão. Mas isso representa um processo diferente, do qual falaremos mais adiante. A consideração importante a se fazer é que toda decisão de peso deve partir, afinal, do próprio aconselhando. Rank diz com razão: "Em meu ponto de vista, o paciente deve fazer de si próprio aquilo que ele é, deve desejar fazê-lo e realizá-lo por si próprio, sem obrigação ou justificativa, e sem a necessidade de transferir sua responsabilidade"[2].

2. O fermento da sugestão

Penetrando agora nos meios positivos, capazes de transformar a personalidade, consideremos primeiro o *fermento da sugestão*. A sugestão é muitas vezes condenada como técnica da influência de personalidade, mas isso é devido a um conceito errôneo. Compreendida corretamente, observamos que a sugestão tem um papel imprescindível em todo desenvolvimento pessoal. Todo indivíduo recebe, constantemente, todo tipo de sugestão de seu ambiente. A pergunta apropriada seria: Por que se aceitam certas sugestões e se rejeitam outras? A resposta está na natureza da estrutura da personalidade da pessoa. Não é exato atribuir a decadência de um indivíduo à sugestão de alguém de seu ambiente, ou a algum livro que leu, ou mesmo a qualquer coisa externa. Devemos perguntar: O que existia na estrutura da personalidade do indivíduo que o fazia aceitar as sugestões vindas de fora?

Todo indivíduo tem tendências a muitos tipos diferentes de comportamento. Podemos imaginar o inconsciente de uma pessoa palpitando com muitos "impulsos" instintivos que se debatem para alcançar o mundo exterior. Para usar a figura criada por Platão e consagrada pelos tempos: Existem no inconsciente diversos corcéis que, mordendo a brida, procuram disparar em diferentes direções. No indivíduo saudável o ego consciente faz uma seleção dessa variedade e escolhe a direção que ele aprova, e refreia as outras tendências. Neurose quer dizer um enfraquecimento do comando do ego, uma incapacidade de decidir em que direção o movimento deve ser feito e, daí, uma mutilação de ação efetiva. Nesse caso, uma sugestão do meio ambiente pode ser o toque necessário para libertar uma dessas tendências que já se tornou forte dentro do indivíduo.

3. Citando alternativas construtivas

O aconselhador não consegue evitar o uso da sugestão de uma forma ou de outra; assim, deve aproveitar a oportunidade de fazer dela um uso inteligente. Durante o aconselhamento ele pode lançar algumas sugestões, assim como um pescador atira certas iscas e espera ver qual delas fará a truta saltar para abocanhá-la. Muitas sugestões parecerão não ter qualquer efeito, mas outras serão repentinamente apanhadas pelo aconselhando, aceitas em sua mente e lá dentro liberadas para funcionar como uma espécie de fermento. Aqui a sugestão do aconselhador une-se a uma tendência que já existe no inconsciente e a combinação pode ser suficiente para levar o aconselhando a uma decisão. Nesse caso, o aconselhando tornou-se capaz de exprimir alguma nova fase do seu inconsciente, o que o faz prosseguir com o si-mesmo mais unificado.

Em alguns casos, portanto, a atitude mais útil do aconselhador é a de *apresentar ao aconselhando todas as alternativas construtivas*. A partir dessas alternativas o processo seletivo do inconsciente do aconselhando escolherá o que lhe for necessário.

O propósito de um livro como este, por exemplo, é apresentar numerosas sugestões, de forma mais ou menos organizada, sobre o assunto do aconselhamento. Não esperamos que alguém vá usá-lo como uma tabela matemática – Deus nos livre! – mas sim, na expectativa de que as sugestões se combinem criativamente com as tendências já existentes na mente do leitor, trazendo assim à luz uma compreensão do aconselhamento que será puramente resultado do esforço mental do leitor.

O segundo fator na transformação da personalidade é a *função criativa da compreensão*. Grosso modo, isso quer dizer que na própria compreensão do problema ocorre certa transformação na personalidade do aconselhando. É a suposição básica da terapia adleriana de que, se o paciente compreende o fato, agirá de modo correto. Isso é o desenvolvimento moderno da velha máxima socrática: "Saber é fazer". Certamente existe uma verdade básica nesta afirmação de que o conhecimento conduz à virtude. É uma suposição até certo ponto feita por toda a psicoterapia. O conhecimento da verdade realmente implica em certa compulsão a realizar a verdade, pois, se for realmente a verdade, o bem-estar futuro e a felicidade da pessoa dependem de sua execução. Indiquei acima que as formas neuróticas do comportamento são formas de enganar-se a si próprio, e se esse engano for desmascarado, isto é, se a racionalização e os falsos motivos forem removidos, o ego será forçado a abrir mão de suas fórmulas de treinamento da autoderrota e dirigir-se a formas socialmente construtivas de comportamento.

No estágio da interpretação, o aconselhador, automaticamente, emprega esse método de transformação do caráter, pois esforça-se para dar ao aconselhando uma compreensão dos fatores que causaram seus problemas. Nessa mesma compreensão, uma atividade criativa será automaticamente acionada na mente do aconselhando para corrigir os erros.

Observamos, no capítulo anterior, como a função criativa da compreensão funcionou no caso do Sr. Bronson. Para resumir a interpretação, o aconselhador sugeriu duas questões específicas ao Sr. Bronson, com a intenção de que essas questões operassem, futuramente, como uma lâmpada em sua mente, revelando-lhe constantemente novos *insights* de seu problema de personalidade, ajudando-o, assim, a alcançar uma clarificação. E, de fato, o Sr. Bronson voltou, após alguns dias, para contar-me como de repente despertou de uma fantasia numa viagem de metrô e descobriu que estivera subconscientemente refletindo e preocupando-se durante quinze minutos com a maneira pela qual conseguiria tempo para preparar suas aulas. "Isso enquadra-se bem na atitude de insegurança que encontramos em minha personalidade", disse ele. E nesse momento ele apenas riu, ao perceber como sua velha forma de ser esforçava-se por provocar-lhe uma inútil tensão nervosa, como costumava fazer no passado – e seu riso serviu temporariamente para aliviar a tensão. Assim, enquanto essa compreensão opera cada vez mais na mente do Sr. Bronson, de forma consciente, e mais ainda de forma inconsciente, estará ele caminhando em progressão geométrica para a saúde da personalidade.

Mas o conhecimento não é toda a virtude, e a compreensão não é tudo o que se precisa para transformar a personalidade. Assim, é preciso que prossigamos com outras considerações.

O terceiro meio de transformar o caráter ficou implícito num capítulo anterior: *a influência que resulta do relacionamento empático*. Estando as duas personalidades até certo ponto fundidas, a influência deve, inevitavelmente, fluir do aconselhador para o aconselhando e vice-versa. Isso significa que o aconselhador pode realizar certas transformações no caráter do outro, simplesmente dirigindo-lhe sua própria disposição e vontade durante o relacionamento empático.

Rank salienta que seu método terapêutico consiste em possibilitar ao paciente identificar-se com a vontade positiva do terapeuta, de forma que o paciente adquira uma força extra e supere sua vontade negativa. Nisso o paciente aprende a ter uma vontade positiva e construtiva. Creio que esse seja um processo bastante semelhante ao que viemos explicando em termos de empatia.

Quando chego quase ao fim da entrevista, trato especificamente de ter uma *vontade de coragem*, por estar ciente de que essa coragem será transmitida para a vontade do aconselhando. Durante a *confissão* tornamo-nos ambos pessimistas, pois o desespero dele penetrou em meu estado de espírito. Então, na *interpretação*, progredimos para uma visão clarificada da situação. E quando a solução do problema e o novo tipo de comportamento surgem, a coragem já tomou o lugar do desespero. Sei que minha coragem como aconselhador passará a ser dele, faça eu afirmações específicas de coragem, ou não, pois nossos estados psíquicos estão, até certo ponto, identificados. Essa vontade de coragem pode dar a impressão de que o aconselhando sai com um "empurrão psicológico", mas, se assim for, é o tipo do "empurrão" cuja função é relativamente profunda na personalidade.

Vou dar um exemplo simples. Um estudante numa festa está parado num canto, tímido e envergonhado, quase sem divertir-se. Como aconselhador, você vai até ele com a intenção de tirá-lo de seu estado de espírito negativo. Digamos que você tente o método do conselho. Dá uma palmadinha em seu ombro dizendo entusiasticamente: "Anime-se, rapaz, sorria e divirta-se". Ele faz então uma tentativa frouxa de animar-se, reveste-se de um sorriso forçado, sente-se mais culpado ainda por sua timidez, ficando assim ainda mais envergonhado. Seu segundo estado fica pior do que o primeiro. Ou digamos que você tente o método da sugestão. Você comenta: "Há um bocado de gente interessante aqui. É uma boa oportunidade para conhecê-la". Ele já pensou nisso, ou pelo menos achou que devia estar pensando nisso, e a sugestão pode fazer-lhe algum bem. Mas o melhor método é o empático. Primeiramente você permite que seu estado psíquico e o dele se fundam, assimilando o seu estado de espírito, comentando algo mais ou menos assim: "É uma pena que estas festas sejam tão formais. Fica muito difícil a gente sentir-se bem". O rosto do moço tímido ilumina-se e ele responde com verdadeiro entusiasmo: "É verdade!" Pois essa é exatamente a ideia que predomina em sua mente. Adquire-se a empatia, mas ao adquiri-la você abriu mão de um pouco de sua felicidade para assumir a infelicidade do outro. Mas, após alguns minutos de conversa, você percebe as oportunidades da festa, que fazem retornar seu otimismo e coragem. Dessa vez é ele quem assume seu estado de espírito e supera a timidez e o embaraço. E a conclusão de nossa parábola é que ele começa a circular pela sala com coragem e com interesse pelas outras pessoas.

4. Usar o sofrimento do aconselhando

O quarto fator na transformação do caráter é a *utilização do sofrimento*. O aconselhador pode canalizar o sofrimento do aconselhando neurótico de tal forma que ele lhe forneça a força que provocará a transformação do caráter.

Um ser humano não transformará o padrão de sua personalidade em meio a tudo o que se diz e se faz, a não ser que seja obrigado a fazê-lo pelo seu próprio sofrimento. O conselho, a persuasão e os pedidos vindos de fora efetuarão apenas uma mudança temporária no manto da personalidade. E é nesse ponto que a mera compreensão racional mostra-se ineficiente, pois é necessário uma força dinâmica mais forte que uma simples ideia abstrata de que uma outra maneira seria "melhor" para causar uma verdadeira mudança. O ego humano é um negócio recalcitrante e teimoso. Ele evita a perturbação por temer muito a profunda insegurança que advém quando seu estilo de vida é abalado. Na verdade, muitos indivíduos neuróticos preferem suportar a miséria de sua situação atual a arriscar a incerteza que viria com a mudança. Por mais clara que seja a demonstração de que a neurose está baseada na pura falsidade, o paciente nunca abrirá mão dela, até que seu sofrimento se torne insuportável.

Felizmente os mecanismos da vida vão triturando e inexoravelmente punindo cada atitude neurótica com a justa porção de sofrimento. Quando essa miséria se torna tão grande a ponto de o indivíduo estar disposto a abrir mão de sua atitude errônea, e na verdade abrir mão de tudo, alcança aquele estado de desespero que é o pré-requisito para qualquer tipo de cura. Podemos concordar que esse estado de desespero é necessário, mas, uma vez que no aconselhamento lidamos comumente com casos não tão importantes de problemas de personalidade, o desespero pode ser limitado à área do problema específico.

Felizmente toda atitude errada traz consigo um sofrimento. Mas infelizmente a maior parte das pessoas não usa esse sofrimento construtivamente. O neurótico faz desse sofrimento um círculo vicioso. Por exemplo, digamos que o aconselhando seja um aluno tímido e que sofra de um doloroso embaraço numa determinada atividade social da faculdade, e resolve por isso não mais frequentar festas. É claro que isso piora o seu problema. A função do aconselhador é canalizar esse sofrimento construtivamente, isto é, relacioná-lo à atitude equivocada. Isso significa mostrar ao aluno que seu sofrimento se deve, na verdade, a seu egocentrismo, à falta de interesse social na festa, e que ficar em casa será uma expressão de egocentrismo ainda maior, o que, por conseguinte, agravará muito seu sofrimento.

O sofrimento é uma das forças mais potencialmente criativas da natureza. Não é sentimentalismo relacionar a grandeza de certas personalidades aos seus sofrimentos. Assim como a pérola é produzida pelo esforço da ostra de adaptar-se à irritação do grão de areia, da mesma forma os grandes trabalhos de Poe, Shelley, Van Gogh e Dostoievski são compreensíveis apenas se os relacionarmos aos sofrimentos que esses artistas padeceram.

Jung expressou essa verdade: "Mas toda criatividade no reino do espírito, bem como todo avanço psíquico do homem, surge de um estado de sofrimento mental"[3]. E o círculo vicioso do sofrimento pode tornar-se construtivo. "Quando vemos que a dor é o primeiro passo em direção a um segundo nascimento e que tudo o que aconteceu, ainda que seja o pior, é apenas um passo necessário para a clarificação, nenhuma pena ou tormento, ou mesmo alegria, foram em vão"[4].

Portanto, por mais estranho que pareça, as pessoas deveriam rejubilar-se por sofrerem, pois esse é o sinal de disponibilidade da energia transformadora de seu caráter. O sofrimento é o método empregado pela natureza para acusar uma atitude equivocada, ou uma forma errada de comportamento, e para a pessoa objetiva e não egocêntrica todo momento de sofrimento é uma chance de crescimento. Nesse sentido podemos estar "contentes por sermos neuróticos", contanto que saibamos utilizar o sofrimento.

Surge aqui um princípio de aconselhamento: *o aconselhador não deve aliviar seu aconselhando do sofrimento, mas sim direcionar o sofrimento para canais construtivos*. Ele deve usar esse sofrimento como poder hidráulico que, quando devidamente canalizado, gera a força capaz de efetuar a transformação da personalidade.

O aconselhador não deve assumir a responsabilidade final do indivíduo de trabalhar pela própria salvação. Em casos graves, poderá assumir certa responsabilidade temporariamente, mas apenas para devolvê-la de forma mais definitiva ao aconselhando ao final. Esse princípio é básico para se evitarem quaisquer relações sociais íntimas com o aconselhando durante o período do aconselhamento, quando este perdure por várias semanas. Nesses contatos sociais o aconselhando quase certamente envolverá o aconselhador em sua teia de responsabilidade, julgando inconscientemente, por exemplo, que o aconselhador gosta tanto dele (ou dela) que não permitirá que fracasse. Dessa forma, ele transfere certa responsabilidade para os ombros do outro. Ao invés disso, uma calma objetividade é a melhor atitude a se tomar durante o período do aconselhamento.

Diz-se às vezes que o aconselhando deve sempre sair do consultório mais feliz do que entrou. Mas isso pode indicar que o aconselhamento apenas reafirmou seu velho modo de vida. O tapinha nas costas pode causar ao aconselhando um grande dano e adiar a superação final do problema. Normalmente ele deve sair mais *corajoso* após a entrevista, corajoso e ao mesmo tempo reconhecendo, dolorosamente, que deve transformar sua personalidade. Se o aconselhamento foi pouco mais que superficial, sentir-se-á abalado e, provavelmente, infeliz.

Ao término da entrevista, o aconselhando poderá sentir uma raiva profunda do aconselhador (da qual talvez nem esteja consciente no momento), esse homem que lhe desvendou verdades desagradáveis que durante anos lutou para manter escondidas. Mas essa raiva será em breve direcionada contra sua própria estrutura equivocada de personalidade e sentir-se-á então profundamente agradecido pela ajuda do aconselhador. Este caso talvez seja típico: Numa recente entrevista, uma aconselhanda e eu trouxemos à tona certas verdades que lhe pareceram muito desagradáveis. Consequentemente ela apresentou, em relação a mim, uma atitude negativa durante vários dias após a entrevista. Naturalmente que notei isso e o interpretei como uma possível indicação de que havíamos atingido seu problema básico. De fato, quatro dias depois, procurou-me para desculpar-se por sua atitude negativa (a qual, contudo, julgou que eu não havia notado!) e explicou-me que tinha aceito o nosso diagnóstico e estava sinceramente encarando a necessidade de transformar sua personalidade.

Encontram-se muitos casos em que a iniciativa dinâmica de abrir mão da estrutura neurótica é inexistente. No estágio da interpretação o aconselhando pode ver, abstratamente, o valor da transformação de seu caráter, mas diz para si mesmo: "Ainda não". Em muitos casos, o aconselhador pode apenas esperar, sabendo que a vida, no momento devido, cumulará esse indivíduo do sofrimento que seu egocentrismo merece e ele cederá humildemente à mudança. Nesse caso, o sofrimento seria uma bênção.

Em raras ocasiões pode o aconselhador hábil fazer amadurecer o sofrimento da outra pessoa em antecipação à crise. Recentemente um indivíduo, cujo estilo de vida me era muito familiar, escreveu-me dizendo que estava completamente desanimado, que sentia que a vida lhe era injusta e que pensava seriamente em abandonar a escola e vagabundear pelo Oeste. No final da explosão pediu-me conselhos. Na carta-resposta procurei especificamente levar seu sofrimento a um clímax. Fiz-lhe notar que sua atitude era a de uma criança mimada e sua infelicidade era devida à autocompaixão e a uma falta de coragem que o impedia de controlar a situação. Propositadamente não forneci na carta terreno para prestígio de seu ego. Durante várias semanas não obtive qualquer resposta. Mas, quando esta veio, estava repleta de gradidão e certeza de que meu diagnóstico havia sido correto e dizia que já havia progredido muito no sentido de superar suas atitudes erradas.

Isso não quer dizer que se dá um "golpe" no indivíduo, ou que se lhe causa um sofrimento que de outra forma não teria tido. Trata-se, ao invés, de levar o sofrimento que já existe potencialmente a um clímax, evitando assim uma crise pior. Não é necessário dizer que esse método delicado só deve ser usado por aconselhadores hábeis.

Resumindo, a função do aconselhador é relacionar o sofrimento do indivíduo aos aspectos neuróticos de seu padrão de personalidade. Ao lidar com um indivíduo durante um certo período de tempo, o aconselhador pode mostrar-lhe a cada semana a forma pela qual os sofrimentos do indivíduo estiveram relacionados a seu comportamento e atitudes equivocadas da semana anterior. Ele pode mesmo prever o sofrimento, fazendo ver ao aconselhando que a próxima vez que sofrer de timidez numa atividade social, ou tiver uma rixa em família, a causa terá sido este ou aquele fator de sua personalidade. Assim o triturar inexorável das engrenagens da natureza será destinado a um fim bom.

Finalmente, após nossa exposição, chegamos à conclusão de que há uma grande área na transformação da personalidade que não compreendemos e que podemos apenas atribuir à *misteriosa criatividade da vida*. Esse rapaz chega cabisbaixo, tímido, envergonhado, sentindo-se inferior a cada passo – parece estar derrotado no jogo da vida, antes que esse comece. Mas, de certa forma, a crisálida de seu apertado mundo pessoal rompe-se. Ele é transferido para o lado objetivo, extenso e construtivo da vida. Seu desespero deu à luz a esperança. Seu egoísmo foi substituído pelo desprendimento. Sua covardia tornou-se coragem. Sua dor foi ofuscada pela alegria. E sua solidão está sendo vencida pelo amor. Nessa transformação da personalidade nós, como aconselhadores, talvez tenhamos contribuído um pouco. Sabemos que fizemos um mínimo precioso, simplesmente orientamos um pouco aqui, conduzimos um pouco ali, e as forças criativas da vida, sim, realizaram o milagre da transformação.

Como diz o ditado: "O médico dá o remédio, mas é Deus que dá a cura"[5]. Como o médico, podemos pensar a ferida, mas todas as forças da vida, em sua espontaneidade infinita, concorrem para o crescimento da pele, dos tecidos nervosos e para o refluxo do sangue, realizando assim a cura. Ante as forças criativas da vida, o papel do aconselhador é humildade e sua humildade não é do tipo falso, pois quanto mais profunda sua compreensão da personalidade, mais nitidamente reconhece como seus esforços são minúsculos, comparados à grandeza do todo.

PARTE III
Considerações finais

É aqui (num manicômio) que os homens são mais eles próprios – nada além deles próprios – a navegar com as velas desfraldadas do si-mesmo. Cada um deles se enclausura num tonel do si-mesmo, num tonel fechado por um tampão do si-mesmo sazonado num poço do si-mesmo. Nenhum deles verte uma só lágrima pelas dores dos outros nem se importa com o que o outro pensa...

Certamente direis que ele é ele próprio! Está repleto de si próprio e nada mais; ele próprio em cada palavra que diz – ele próprio, quando está fora de si...

Vida longa ao imperador do si-mesmo!

HENRIK IBSEN, *Peer Gynt*
Ato IV, cena 13.

Quem quiser salvar a sua vida vai perdê-la, e quem a perder há de conservá-la.

LUCAS 17,33.

VIII
A PERSONALIDADE DO ACONSELHADOR

A equação pessoal é importantíssima no aconselhamento. O aconselhador só pode trabalhar servindo-se de si próprio e, portanto, é essencial que esse si-mesmo seja um instrumento eficiente. Todos os terapeutas e certamente os argumentos anteriores deste livro vão reforçar a afirmativa de Adler: "A técnica do tratamento deve estar em você mesmo".

1. O que faz de alguém um bom aconselhador

As qualidades superficiais do bom aconselhador são óbvias: simpatia, capacidade de manter-se à vontade na companhia de outras pessoas, capacidade de ter empatia e outras características igualmente plenas de sentido. Essas qualidades não são de todo inatas, mas podem ser adquiridas. Seu desenvolvimento vem como consequência da clarificação pessoal do aconselhador, bem como de seu interesse por outras pessoas e do prazer que estas lhe causam. Sem muito aprofundamento, podemos dizer que se o aconselhador sente verdadeiro prazer na companhia dos outros e deseja o seu bem, será automaticamente o tipo de pessoa que os atrairá. Descobrimos com frequência que a pessoa que não é querida é aquela que, inconscientemente, não deseja ser querida, seja por causa das exigências que lhe fariam os afetos dos outros, seja por seu desejo de solidão. "Atrativos pessoais" é uma expressão muito usada, mas irritantemente poucas vezes definida. Podemos defini-la como sendo *o reverso do interesse próprio nas outras pessoas ou como o reverso do deleite que se encontra nas outras pessoas.*

Penetrando mais fundo no problema, o que diferencia um bom aconselhador de um mau aconselhador? Seria o treinamento? Um certo treinamento parece ser necessário, mas vemos facilmente que um trabalho acadêmico prolongado de psicologia experimental, na forma em que é ensinada hoje em dia, não prepara necessariamente a pessoa para um aconselhamento eficiente – pode até desprepará-la. Freud expressa nossa resposta classicamente quando, ao ressaltar que o treinamento médico não é um pré-requisito necessário para o psicanalista, afirma que a qualidade essencial é "o *insight* inato que se tem da alma humana – antes de mais nada das camadas inconscientes de sua própria alma – aliado ao treinamento prático"[1].

Freud nos dá portanto a chave. Este "treinamento prático" significa a habilidade de escapar à tendência de aconselhar com base em preconceitos pessoais mais ou menos rígidos. Essas propensões do ego são um monstro com cabeças de hidra tão obstinado, que é necessário todo engenho para superá-las. O caso de um aluno, por exemplo, que perambulara por muitas escolas profissionais e finalmente terminara num seminário teológico, foi apresentado num seminário, que dirigi recentemente, com um grupo de candidatos à vida religiosa. Houve um consenso imediato do grupo no sentido de que, embora o jovem houvesse infelizmente vacilado, encontrara, afinal, seu lugar certo! Se o grupo houvesse sido de médicos, e o aluno tivesse por fim ingressado numa faculdade de medicina, teria sido aprovado com a mesma facilidade. Ver os outros através dos preconceitos pessoais – esta propensão do ego é o pior obstáculo na personalidade do aconselhador.

Como se podem eliminar as propensões do ego? Elas não podem ser inteiramente erradicadas, mas podem ser entendidas e prevenidas. Por essa razão, as diversas escolas de psicoterapia insistem em que o candidato à profissão em sua área deve ser analisado antes ele mesmo, para que possa compreender e eliminar o maior número possível de seus próprios complexos. Se assim não for, não conseguirá inconscientemente evitar dar aos pacientes um tratamento em termos desses complexos.

Fora de qualquer questionamento, seria uma medida sábia se o aconselhador fosse analisado por um psicoterapeuta. Essa análise de sua personalidade frente a uma outra proporcionar-lhe-ia uma compreensão valiosíssima de si mesmo, o que o auxiliaria enormemente no aconselhamento dos outros com eficiência. Isso não significa que ele seria desmontado peça por peça, pelo psicoterapeuta. O tratamento seria uma questão de o terapeuta prestar-lhe auxílio na compreensão de si mesmo. A escolha acertada de um terapeuta é naturalmente importante. Podemos predizer que no futuro alguma terapia didática será considerada um pré-requisito no treinamento de professores, ministros e assistentes sociais.

Mas a maior parte dos candidatos a aconselhadores não estará em uma situação geográfica que lhes permita manter um programa de consultas junto a um psicoterapeuta. O segundo melhor caminho é o que seguiu o próprio Freud, ou seja, a autoanálise. Ao ler Freud, tem-se a impressão de que ele ficou fascinado com o que se revelou quando mergulhou em seu subconsciente e em seus sonhos. O leitor sente que Freud olhou para seus próprios problemas com o mesmo olhar de admiração que os primeiros espanhóis lançaram sobre o Pacífico:

> Senti-me então como um observador dos céus,
> quando um novo planeta aparece em seu alcance visual.
> [...]
> Ou como Cortez quando, com olhos de águia,
> cravou a vista no Pacífico – e todos os seus homens
> olharam uns para os outros com uma premonição selvagem –
> silencioso, sobre um monte em Darien.*

---

* De Keats, "On First Looking Into Chapman's Homer". Não importa que o primeiro espanhol a ver o Pacífico não tenha sido Cortez, mas Vasco de Balboa.

Freud chegou a muitos – para não dizer à maioria – de seus *insights* básicos, como ao padrão edipiano, através da autoanálise. Eu, pessoalmente, quase nunca vou dormir sem uma caneta e um bloco de papel ao lado da cama para anotar os possíveis tesouros de sonhos que possa ter durante a noite.

Não é possível a alguém entender completamente o seu si-mesmo – nossos egos são por demais espertos para que se possa rastreá-los até seu covil, sem uma assistência externa. Pode-se progredir muito no sentido da autocompreensão, o que favorecerá as necessidades imediatas da maior parte dos aconselhadores. Tenho esperança de que este livro, juntamente com outros deste campo, ajudarão o leitor a chegar a uma compreensão adequada do si-mesmo. Depois que o aconselhador chegou conscientemente aos limites da autoanálise, seria útil ter uma ou outra entrevista com um psicoterapeuta ou com outro aconselhador, que o ajudassem a ver os ardis próprios que o ego utiliza para enganá-lo.

2. Análise de um aconselhador típico

Para ajudar o leitor em sua tarefa de compreender a si próprio, apresentarei aqui uma análise de algumas ideias sobre aconselhadores em geral. É uma síntese das características que se repetiam em certo número de pessoas que tiveram consultas comigo, que deve fornecer uma espécie de quadro da "neurose típica" das pessoas neste campo*. Após apresentar este quadro numa conferência, fui abordado por diversas pessoas do grupo com um insistente "Aquele era eu", ou "Você estava, na verdade, falando de mim, não?" Naturalmente, tive o prazer de assegurar-lhes que não me re-

---

* Este aconselhando fictício é um assistente religioso. Esta escolha tem algo a ver com minha primeira experiência como orientador dos estudantes masculinos na Universidade Estadual de Michigan, onde meu consultório ficava numa Interdenominal People's Church.

feria a ninguém em particular, mas se a carapuça lhes servia, deveria ter alcançado sucesso em minha tarefa de captar as características neuróticas típicas, para as quais tendem tais aconselhadores. Tenho a esperança de que muitos leitores ver-se-ão refletidos na análise a seguir, a ponto de derivarem dela auxílio para a compreensão de seus próprios padrões.

Que características observamos nesses assistentes religiosos típicos? Primeiro, que eles trabalham muito e conscienciosamente. Parecem não descansar com tanta frequência quanto as pessoas de outras vocações, e não possuem tantos interesses avocacionais. São capazes de devotar-se completamente a seu trabalho e mesmo sentir um orgulho consciente no fato. Trabalham sob tensão e, na verdade, tendem a suportar essa tensão durante as vinte e quatro horas do dia, pois sua ocupação não é do tipo que possa ser limitada por horários de trabalho. Às vezes essa tensão cresce tanto que eles encontram dificuldade em tirar férias ou gozar um feriado, sem um sentimento de culpa.

Esses aconselhadores típicos suportam bem responsabilidades. São cuidadosos com detalhes em assuntos sociais bem como vocacionais – na verdade são tão meticulosos que chegam a irritar as pessoas que os cercam. Observamos neles um grande desejo de não falhar. O temor do erro, embora seja normal quando relacionado a assuntos importantes, aqui é exagerado e ligado a coisas de menor importância.

Todas essas observações nos apontam o fato de que os assistentes religiosos obedecem ao que Rank chama de a lei do "tudo ou nada", atirando-se de corpo inteiro a tudo o que fazem, com uma falta de habilidade de reagir apenas em parte às situações. Essa falta de habilidade de parcialização está relacionada à sua falta de interesse e de amigos fora do trabalho, ao fato de não gozar daquilo que a vida oferece e a uma preocupação com fins absolutos. Uma das características principais de um indivíduo neurótico, aliás, é uma tendência à preocupação total com os fins, que se tornam rígidos e absolutos em sua mente.

Onde existe uma grande tensão, um medo de falhar em pequenas coisas e uma grande preocupação com detalhes, suspeitamos de que também exista uma forte ambição. De fato, os assistentes religiosos típicos possuem uma ambição exagerada. Estão particularmente convencidos da indispensabilidade e importância de seu trabalho e vemo-los a correr de um lado para outro, como se o mundo dependesse deles.

Uma convicção normal da importância do trabalho que se faz é um elemento saudável e desejável. Mas, quando expressa sob a forma de tensão crônica no assistente, podemos concluir que a estrutura de seu ego se envolveu demasiadamente no trabalho. É a vocação *dele* e, por causa de um sentimento exagerado de sua própria importância, seu trabalho deve, automaticamente, ser o mais importante do mundo. É por isso que as pessoas comentam sobre tais indivíduos: "Eles se levam a sério demais". Isto expressa quase a mesma supervalorização do si-mesmo. Um certo grau de ambição é saudável – a forma não egocêntrica que é uma expressão espontânea das capacidades criativas do indivíduo. Mas quando o indivíduo trabalha sob uma tensão constante, começamos a suspeitar de que o motivo é a imposição do seu ego e não um desejo desinteressado de contribuir para a humanidade.

Podemos chamar essa ambição exagerada de "complexo de Messias". É a convicção pessoal da indispensabilidade de sua própria pessoa e o consequente sentimento de que seu trabalho específico é indispensável à humanidade e ao universo. Assim, ele se reveste de uma máscara de orgulho e ergue-se como um reformador, o juiz moral de seus semelhantes e passa a falar *ex-cathedra*. A pessoa pode acreditar que não haja trabalho mais importante no mundo do que ajudar as pessoas, mas isso não significa que ele não possa ser feito sem essa pessoa.

Basta olharmos para a história para vermos como pode tornar-se perigoso esse "complexo messiânico". Quantas inquisições terríveis adquiriram um poder demoníaco pelo fato de seus criadores se persuadirem de que estavam agindo segundo a vontade de Cristo! Isso torna-se uma desculpa para não dar ouvidos às últimas vozes da consciência e da solidariedade. Aquele que se autointitula "homem santo" está meramente utilizando sua vocação sagrada como um manto para encobrir os esforços de seu ego e é mais diabólico (testemunham os cruzados em Constantinopla) do que o homem simplesmente secular. É desnecessário acrescentar que, pelo fato de esse motivo do ego oculto por trás do "complexo messiânico" ser inconsciente, confirma mais ainda a verdade da questão. No assistente religioso típico o processo é inconsciente e requer-se um ponto de vista objetivo para determinar até onde é egoísta a motivação por trás do zelo. O prestígio do Infinito usado como camuflagem para o desejo pessoal de domínio! Que trágica ironia ser a religião tão mal usada![2]

Observa-se muitas vezes também que o assistente religioso típico ainda não solucionou o problema de seu ajustamento sexual satisfatoriamente. Certas pessoas na vida religiosa parecem não sentir a atração normal pelo outro sexo. Mas esta aparente tranquilidade das necessidades sexuais pode ser evidência de um mau encaminhamento, que talvez resulte nos impulsos que surgirão mais tarde, sob formas mais problemáticas. A tendência a excluir a atividade sexual em si, como é manifestada no esforço por encarar o casamento primordialmente em termos de se ter um lar e filhos, indica amiúde que o problema sexual não foi enfrentado com honestidade[3].

Poder-se-ia ter previsto o que aconteceu nos escândalos sexuais de Jimmy Swaggart e Jim Bakker, quando pessoas que bradam aos quatro ventos sua honestidade vão cair nos mesmos escândalos contra os quais pregam com tanto fervor. Em sua novela *Elmer Gantry*, Sinclair Lewis descreve fielmente esse processo de super-honestidade e o *débâcle* subsequente. Aimie Semple McPherson foi nos dias de Lewis a pregadora heroica que vociferava contra o mal, mas caiu em sua própria armadilha hipócrita.

Podemos compreender parcialmente esta falta de habilidade em encarar o problema sexual como um produto de nossa cultura que, obviamente, está num processo de mudar radicalmente o comportamento sexual. Por um lado vemos um grande relaxamento das inibições mas, por outro, vemos um fracasso em tomar a sério a dinâmica do sexo e da procriação.

Às vezes aconselhadores religiosos e outros usam o conceito de "sublimação" como uma racionalização de sua inabilidade de fazer uma tentativa adequada para resolver problemas sexuais. Mas a sublimação, como curioso termo freudiano que é, não possui o significado que lhe é popularmente dado nos meios religiosos. Ao utilizar esse termo, Freud tentava explicar as atividades artísticas e sociais como um aspecto da expressão da libido. Certamente não quis dizer que a pessoa pode se livrar de seus impulsos sexuais mergulhando na arte ou no serviço social. Naturalmente que um indivíduo pode reduzir a tensão de todo seu organismo pelo trabalho, pelo exercício e por uma participação entusiástica nos aspectos da atividade social que não sejam especificamente sexuais – e, dentro desses limites, o significado popular atribuído ao termo sublimação é correto. Mas a pessoa ainda possui o impulso sexual normal. Pode-se entrar em conflito com a necessidade da privação sexual se esta for a situação, como acontece com muitos sacerdotes e freiras que se privam sem dano aparente.

Naturalmente não é possível viver bem sem uma atividade sexual específica, mas para isso é necessário encarar a situação honesta e francamente, evitando a repressão. O esforço por ignorar e encobrir o fator sexual é, na maioria dos casos, uma desonestidade evidente e, na verdade, chega a ser uma "submersão" do impulso e não uma sublimação. Para pessoas que se encontram em posições em que a privação sexual é necessária, o ajustamento corajoso e psicologicamente saudável é admitir a privação e fazer francamente a renúncia necessária. Até mesmo pessoas casadas precisam enfrentar esse aspecto de suas vidas, sendo capazes de renunciar em certas situações. E o solteiro que enfrenta o problema honestamente, sem buscar uma fuga na repressão ou na libertinagem, mas, sim, exercitando a coragem para suportar as tensões necessárias, ao final encontrar-se-á na melhor posição para resolver seu problema amoroso e matrimonial satisfatoriamente.

Quais são as consequências do insucesso na resolução do problema sexual sobre o trabalho do aconselhador? Primeiro, ele (ou ela) é evidentemente desqualificado para aconselhar os outros na área do sexo. O aconselhador deve manter-se alerta para não impor seus próprios desajustes sobre os outros e, se seu próprio problema sexual foi tratado inadequadamente, deve ser muito cuidadoso ao aconselhar outros nessa área.

Em segundo lugar, o aconselhador com um problema sexual não solucionado pode provocar apegos emocionais nocivos nas pessoas com que trabalha. Isso se aplica especialmente quando o indivíduo tenta deliberadamente "sublimar" nessas outras pessoas. Poderíamos citar o caso verídico de uma assistente de estudantes do sexo feminino que via as alunas às vezes como suas filhas (isso era consciente) e às vezes como suas namoradinhas (isso era inconsciente, mas óbvio para qualquer observador inteligente). Essa situação introduz um elemento subjetivo que torna impossível o aconselhamento eficiente. Uma tarefa das mais difíceis para o aconselhador é evitar que o aconselhando se apegue a ele ou a ela. A transferência de sentimentos é uma realidade poderosa. E se a propensão ao apego emocional existe também no aconselhador, a relação de aconselhamento deve ser tratada com muito cuidado. Sempre que o aconselhador perceber que está tendo um prazer inusitado com a presença do(a) aconselhando(a), é melhor examinar quais são os motivos disso.

Voltando agora aos aspectos mais profundos da personalidade do assistente religioso típico, seríamos capazes de descobrir uma estrutura que nos levasse a compreender todo o estilo de vida? Já salientamos que esse indivíduo se atira totalmente ao seu trabalho, de acordo com a lei do "tudo ou nada", é por demais meticuloso, capaz de pôr de lado o problema sexual, separando-o da vida normal e possui uma opinião exagerada da importância de seu trabalho.

A grande preocupação com detalhes – e outros sintomas apontam na mesma direção – é uma das características marcantes do que denominamos a "neurose de compulsão". Às vezes chamada "neurose obsessiva", é a neurose da pessoa que, por alguma razão inexplicável, se sente compelida a certas formas minuciosas de comportamento que não são normalmente consideradas importantes. Voltar todos os dias pela manhã para ver se a porta está realmente trancada, embora sabendo que esta foi chaveada, é um exemplo de uma forma inofensiva e mais ou menos universal de neurose. A pessoa que é escravizada pelo dever, especialmente quando esse dever consiste em detalhes exteriores, é outro exemplo. Essa neurose de compulsão é a neurose típica de nossos dias. Frequentemente liga-se a pressentimentos de punição espiritual e mágica. O neurótico compulsivo, em certos casos, sente que alguma coisa de sobrenaturalmente terrível acontecerá, se ele não pisar em todas as rachaduras da calçada, ou não bater em todos os postes da cerca com a bengala.

Encontramos em nosso assistente religioso típico e masculino indicações de que ele não pode falhar nos detalhes; para afastar uma catástrofe, pode acreditar que deve vestir-se de forma rigorosamente correta, ou rezar de uma maneira especial como as rodas de oração pagãs, ou examinar detalhadamente certas rotinas em seu trabalho. Por que tem ele tanto medo de falhar? A gente falha sempre, mesmo nas coisas grandes, que dirá em assuntos de menor importância! Errar é humano, mas esse indivíduo tem um sentimento peculiarmente intenso de que seus erros lhe trarão uma condenação mágica.

Tem-se como princípio básico que a ambição neurótica está ligada a algum sentimento profundo de inferioridade. E, na verdade, encontramos provas desse sentimento de inferioridade em nosso assistente religioso típico. Pode tomar uma forma moral, em que o indivíduo sente a culpa moral de maneira incomum e, por conseguinte, faz esforços extenuantes para compensar isso através da luta ambiciosa.

Seja qual for a origem da inferioridade, a ambição exagerada que dela advém tomará uma forma moral nesta pessoa religiosa. Apresentará um "impulso para estar por cima" moralmente, e sentirá uma culpa especial quando não estiver por cima. A atitude do tipo "mais-sagrado-que-vós" não é exceção. É simplesmente o complexo de superioridade, que é o reverso do sentimento de inferioridade. Quem está de fora pode dizer que os detalhes não são muito importantes, mas para esse indivíduo eles são importantes para a supremacia do seu ego, que é a preocupação central de sua vida. Os reformadores morais – quando suas reformas não possuem antecedentes objetivos – devem ser incluídos nessa categoria.

É fácil ver como certos indivíduos conseguem elevar-se acima dos outros através dessa técnica de enfatizar detalhes religiosos e morais insignificantes. Na verdade, no caso de um ministro que deixou de tomar chá, café e chocolate* veremos que a verdadeira razão dessa atitude foi a de parecer melhor do que as pessoas que o cercam e que ingerem grandes quantidades dessas bebidas. Após examinar um caso desses, Adler conclui: "Isso ilustra como a ambição interfere nos problemas religiosos e como a vaidade faz de seu possuidor um juiz da virtude e do vício, da pureza e da corrupção, do bem e do mal"[4].

Existe ainda um aspecto mais sério do mesmo problema, um aspecto mais fascinante para aquelas pessoas religiosamente sofisticadas, que não se encaixam nas categorias citadas acima. É esta: a pessoa religiosa, à medida que sente uma inferioridade e uma ambição exagerada daí consequente, não consegue conter o impulso de julgar moralmente os outros, pois já que a luta de seu ego se realiza no campo moral, a depreciação moral dos outros significará a elevação de si mesma. Por mais que ela se autorrepreenda com o mandamento de Jesus "Não julgueis", e por mais veementemente

---

* Será discutido no capítulo final.

que rejeite esses julgamentos, mesmo sentindo um certo prazer interno quando evita uma "fofoca", continuará a condenar os outros inconscientemente. O julgamento e a condenação dos outros são ainda mais doentios quando inconscientes, do que quando conscientes. Por isso podemos dar preferência à livre e franca expressão das opiniões que um indivíduo tem do outro, se soubermos que de qualquer forma ele tem essas opiniões. Não haveria uma forma de se fugir desse círculo vicioso? Somente pela compreensão da estrutura do ego, que estamos tentando conseguir nesse momento.

Isso nos leva ao tema do julgamento moral no aconselhamento. É óbvio, primeiramente do ponto de vista moral, que ninguém tem o direito de julgar outro ser humano. O mandamento "Não julgueis" é incontroverso na área moral. E, em segundo lugar, do ponto de vista psicoterapêutico, o julgamento não é tolerado. "E acima de tudo – diz Adler – nunca nos permitamos fazer quaisquer julgamentos *morais*, julgamentos que digam respeito ao valor moral de um ser humano"[5].

Mas conforme salientamos acima, é precisamente o aconselhador religioso que encontra maior dificuldade em não condenar. Jung sustenta que a razão pela qual as pessoas hesitam em confessar-se ao ministro, preferindo um psiquiatra, é seu medo de serem condenadas pelo ministro. E prossegue dizendo: "Ao emitir o julgamento, ele nunca está em contato com o outro... Somente obtemos o contato com outra pessoa através de uma atitude de objetividade sem preconceitos"[6]. Alguns freudianos, por conseguinte, sustentam que os terapeutas devem ser eticamente neutros, o que exclui as pessoas religiosas. Contudo, isto não resolve o problema, pois o terapeuta não pode ser eticamente neutro. Essa é uma das ilusões do freudismo. O terapeuta, em nosso caso o aconselhador, deve pressupor algum tipo de significado ético, e, ainda que se recuse a fazê-lo conscientemente, o fará inconscientemente.

A única saída para o aconselhador é estimar e apreciar as outras pessoas, sem condená-las. É o caminho da compreensão e da "objetividade sem preconceitos". É o caminho da empatia, como vimos num capítulo anterior. A capacidade de "não julgar" é o divisor de águas entre a verdadeira religião e a religiosidade egocêntrica.

Finalmente, após examinarmos essas tendências neuróticas típicas de pessoas que trabalham no serviço religioso, terminemos com sugestões sobre como superá-las e, através dessa superação, como preparar o aconselhador para um trabalho eficiente.

Em primeiro lugar, o aconselhador deve compreender a forma especial que essa estrutura neurótica toma em sua própria personalidade. A própria compreensão fará muito pela clarificação e certamente lhe mostrará os ardis nele mesmo existentes, contra os quais deverá resguardar-se quando do aconselhamento de outros. Ao compreender seus sentimentos de inferioridade, ele verá diante de si sua ambição egoísta, de forma nua e, logo, o aspecto neurótico de sua ambição se tranquilizará. Ninguém pense que esse relaxamento diminuirá a produtividade e a criatividade da pessoa. Na verdade, ele lhe proporcionará maior criatividade, pois esta requer a espontaneidade que resulta do relaxamento periódico, sendo bloqueada pela tensão da forte luta do ego.

3. A coragem da imperfeição

Em segundo lugar, o aconselhador deve desenvolver o que Adler chama de *a coragem da imperfeição*. Isso quer dizer ser capaz de falhar. O indivíduo que tem uma neurose de compulsão e não está predisposto a falhar deve forçosamente lutar apenas em campos de batalha insignificantes. Não é de admirar que se preocupe com detalhes, pois em seu pequeno quintal não corre o risco de falhar. A coragem da imperfeição significa a transferência dos esforços para um campo de batalha maior, onde se fazem coisas importantes e onde o fracasso ou o sucesso tornam-se relativamente incidentais.

Em terceiro lugar, o aconselhador deve aprender a *sentir tanto o prazer no processo de viver*, como em seus objetivos. Isto o capacitará a livrar-se da compulsão do "tudo ou nada". Pois sentir prazer no processo significa derivar prazer do simples fato de "estar em movimento" para um fim. E esse sentir prazer no processo libertá-lo-á da necessidade de motivos ulteriores para suas ações, fazendo isso ou aquilo por causa de algum objetivo que não se enquadra no seu esquema de vida.

Em quarto lugar, que o aconselhador esteja certo de que está *interessado nas pessoas por causa delas mesmas*. Se ainda acreditar que as ama "por amor a Deus", que se pergunte se esse "Deus" não é uma máscara para a luta do seu ego. Não será esse clichê uma desculpa por não conseguir admirar as pessoas pelo que elas são em si mesmas?

Isto quer dizer que o candidato a aconselhador deverá proceder a uma depuração genuína de si mesmo, arrancando impiedosamente os elementos falsos e expurgando-os pelo método tradicional da contrição. Quando puder fazer isso, ficará provado que a iniciativa dedicada corta o nó górdio do preconceito do ego no aconselhamento e que, afinal, a pessoa verdadeiramente devotada é o melhor aconselhador.

IX
MORALIDADE E ACONSELHAMENTO

Todo problema de personalidade é, em certo sentido, um problema moral, pois está ligado à questão básica de toda ética: "Como devo viver"? Podemos esperar que a personalidade saudável se distinga por sua capacidade de lidar adequadamente com as relações morais da vida e podemos ter como um princípio básico que um ajustamento moral e construtivo à vida é o objetivo de um aconselhamento bem-sucedido.

O erro de muitos aconselhadores inexperientes é tentar tomar um atalho para esse objetivo, saltando muito rápido para as implicações morais do problema. Esforçam-se, então, muitas vezes sem notar, por transmitir ao aconselhando um conjunto específico de padrões morais. Deve-se ter como certo que o aconselhando possa precisar de padrões morais e é certo também que o aconselhador possuirá padrões próprios mais ou menos adequados, os quais poderia transmitir. Mas, na vida prática, um tal procedimento faz o processo de aconselhamento entrar em curto-circuito e rouba ao indivíduo o direito inalienável de moldar a sua própria moralidade no cadinho de suas próprias lutas e objetivos de vida.

Observemos o que acontece quando o aconselhador incorre nesse erro e conduz a entrevista sob um ponto de vista moralístico. Um ministro descreveu-me recentemente o caso de um aluno que o procurou com o problema de masturbação compulsiva. Ao aconselhar esse aluno, o ministro havia delineado para ele suas futuras relações amorosas, o casamento, o lar e o havia então exortado a manter esses ideais perante si, vencendo assim a tentação de masturbar-se.

O que acontece? O aluno vai para casa, digamos ao seu quarto solitário, onde vive de forma um tanto só (são em geral as pessoas sozinhas e solitárias que sofrem desse problema) e aí lutará contra o ímpeto de masturbar-se, pondo diante de si a imagem de seu futuro lar. Mas essa imagem é importante para ele nesse momento apenas por estar relacionada, através da exortação do ministro, à sua tentação. E assim, quanto mais ele pensar no chamado ideal, tanto mais nitidamente a ideia da masturbação surgirá em sua mente. Além disso, a exortação do ministro provavelmente incrementou seu sentimento de culpa e, consequentemente, ele se odeia e luta contra si próprio mais implacavelmente. A essa altura o desejo da masturbação tornou-se mais forte a todo momento que ela faz surgir em sua mente a ideia, mesmo esforçando-se por vencê-la. Ao mesmo tempo sua autoestima sofreu uma queda, já que seus sentimentos de culpa aumentaram. Conclui, eventualmente, que, se é uma criatura tão depravada, pode muito bem ceder ao desejo. Criou-se um círculo vicioso, que tornou o problema do jovem muito mais grave.

Causa-nos surpresa que a psicologia simples da tentação não seja melhor compreendida em nossos dias. É evidente, mesmo sem uma compreensão psicológica profunda, que a maioria das tentações não deve ser superada por um ataque direto e frontal. Isso apenas fortalece a tentação. E se for uma questão de desejo, como o do álcool e do sexo, quanto mais enfatizado for, mais forte se torna esse desejo.

Falando construtivamente, o melhor modo de eliminar a força da tentação é remover a imagem do centro da atenção. Para realizar isso, o indivíduo deve interessar-se tanto por atividades saudáveis que não lhe sobre atenção para o desejo doentio. O adágio diz que "uma afeição expulsiva afasta as tentações". Isso é certo na medida em que a afeição for genuína e não estiver sendo utilizada meramente com o propósito ulterior de servir de arma.

Em meio a tudo isso, é necessário que o indivíduo efetue um ajustamento corajoso, entusiástico e polivalente à vida – e as tentações específicas terão pouca força contra uma personalidade assim saudável com seus interesses entusiásticos. Desta forma deveria ter sido abordado o caso acima. Se o ministro tivesse penetrado um pouco abaixo da superfície do problema, teria, sem dúvida, descoberto que a masturbação era mero sintoma de algum desajuste de personalidade mais profundo e poderia, então, ter ajudado o aluno a ajustar-se de maneira saudável. Manter perante si o ideal do lar e do amor futuros não é errado em si, pois os objetivos construtivos realmente têm um papel importante no aconselhamento. Mas o objetivo ou o ideal devem surgir naturalmente da situação e não como algo que se recebe de cima. Deve ser algo nativo no aconselhando, uma expressão de seus objetivos pessoais e particulares, que acompanham o desenvolvimento de sua personalidade própria e singular.

Por si mesma, tanto na pregação quanto no aconselhamento, a exortação traz pouco bem, podendo inclusive fazer grande mal. Ela aumenta o sentimento de culpa do indivíduo, levando-o a lutar ainda mais, porém de forma negativa. Sem dúvida, o estudante no exemplo acima já vinha se "esforçando demais", pois as pessoas que têm problemas de personalidade caracterizam-se pela luta árdua, mas destrutiva. São como peixes presos numa rede. Quanto mais desesperadamente se debatem, tanto mais se enredam. A luta destrutiva causa uma desunidade maior na personalidade e é exatamente isso que tentamos evitar. Para usar outra imagem, a vontade de um indivíduo desses ficou tão tensamente imóvel, como dois lutadores que se agarram com tanta força que nenhum dos dois consegue mover-se. Não é de admirar que a pessoa não consiga agir adequadamente no mundo exterior.

Não estamos minimizando o valor da *tensão* ou da *vontade* genuína. Ambas são necessárias para a saúde da personalidade. Mas devem basear-se na compreensão. Assim a vontade não será uma luta livre simplesmente na superfície da mente da pessoa, mas uma reorganização de toda a sua personalidade, para mover-se numa nova direção.

Por essas razões, é necessário enfatizar o princípio de que *o problema do aconselhando não deve ser abordado como uma questão de moralidade, mas sim de saúde mental*. Então ambos, aconselhador e aconselhando, serão capazes de encará-lo objetivamente, com um mínimo de melindres e afetações a perturbá-los. Ao se pôr de lado o moralismo imediato e superficial, terão condições de, ao final, chegar mais próximos de uma moralidade verdadeira e duradoura.

1. A individualidade criativa na moralidade

A vida moral, como toda vida, começa com a autoexpressão do indivíduo – expressão de suas paixões e impulsos instintivos, seus desejos e impulsos internos de toda sorte. Moralidade quer dizer autoexpressão em termos de estrutura, mas o ponto a ser enfatizado é que sem a autoexpressão do indivíduo não existe conteúdo na vida moral. Os impulsos instintivos da fome e do sexo, as paixões da ira, do ódio e do amor, os desejos de se ter amigos ou de criar, todos esses impulsos e um número infinito de outros fornecem o material que é o conteúdo da moralidade. Sem eles a moralidade seria algo seco e vazio, como o leito de um rio sem água.

Falamos desses impulsos instintivos como algo que surge do inconsciente do indivíduo. Freud nos deu sua descrição inesquecível desse *id*, o caldeirão borbulhante no profundo e obscuro inconsciente, de onde emerge todo tipo de ímpetos, apetites e desejos instintivos. Em termos freudianos, estes são tipificados na libido. E Jung completou a descrição do inconsciente, incluindo as imagens, medos, esperanças e toda sorte de conteúdos psíquicos. Surgem desse grande reservatório as fantasias que se tornam a grande arte da humanidade, as ideias criativas que são os embriões da filosofia, e os *insights* que evoluem para as preocupações definitivas da religião.

Filósofos e psicólogos deram muitos nomes ao impulso instintivo básico existente no indivíduo: é o "élan vital", ou "impulso vital" de Bergson, a "vontande de poder" de Nietzsche, ou o "impulso criativo" de Schopenhauer, etc. Mas seja qual for o nome, estamos lidando com os impulsos irracionais internos que dão o conteúdo à vida do homem. Esse é o fluxo criativo, a corrente da vida que se eleva internamente como um poço artesiano e jorra suas águas vivas.

O conteúdo que é fornecido por esses impulsos instintivos é bom e ruim ao mesmo tempo. Definimos como do tipo "bom" os impulsos instintivos que são dirigidos para formas socialmente construtivas. Mas em si mesmos os impulsos são mais egocêntricos e antissociais do que bons. Além disso, são irracionais e não aceitam ser dirigidos. São como cavalos ainda não domados que mordem o freio.

As pessoas assustam-se com esse lado instintivo de suas vidas. Reconhecem algo perigoso nos ímpetos que irrompem de seu interior, impelindo-as a amar e odiar, a fazer conquistas sexuais e a lutar, a abarcar o mundo com sua ambição, e forçando-as a se sobrepor às outras pessoas. Há algo de Fausto em cada um de nós – o anseio de dominar mundos inteiros, de expressar nossa vontade de viver ilimitadamente – e isso nos aterroriza. Nesses ímpetos poderosos percebemos tendências à autodestruição e à destruição alheia.

O homem moderno "civilizado" naturalmente não gosta de admitir a existência desses impulsos, muitos dos quais são definitivamente antissociais e causariam danos a qualquer comunidade que lhes permitisse expressão aberta. Aflige-se ao compreender que possui e é possuído por um maior número de impulsos irracionais e poderosos do que seu amor-próprio gostaria que existissem. Nos termos de Freud, ele é muito mais um animal feroz do que gostaria de admitir. E assim procura reprimir seu lado instintivo da personalidade. Prefere não admitir, em hipótese alguma, os impulsos instintivos na consciência.

Mas essa saída lhe é negada, a não ser pelo desvio da neurose. Por conseguinte, ele tenta o que parece ser o segundo melhor método: o esforço por controlar seus impulsos pela vontade superficial, fortalecendo seu superego e colocando-o como um guardião poderoso à saída de seu *id*. Particularmente o protestantismo tendeu nesta direção, julgando que os assuntos da vida podiam ser resolvidos na esfera da decisão imediata e consciente. Dessa forma, falamos de "dominar a vida" e "vencer a si próprio". Assinamos um documento, ou fazemos uma declaração pública e julgamos que a questão está encerrada.

Após compreenderem que a repressão direta não funciona, as pessoas tendem a criar sistemas de regras pelas quais possam controlar seus impulsos instintivos. Especialmente na adolescência fazemos listas de "regras de vida". Quanto mais medo sentirmos de nossos impulsos, mais rígidas se tornam essas regras. As pessoas podem criar um sistema pormenorizado de princípios inflexíveis e aplicáveis de forma mecânica a toda situação. Adler fala, de forma clara, dessas pessoas que

> *tentam classificar toda atividade e todo acontecimento de acordo com algum princípio que julgam válido para toda situação... Temos a impressão de que se sentem tão inseguras que precisam reduzir o conteúdo da vida e de suas vivências a umas poucas regras e fórmulas, para não sentirem tanto medo delas. Se enfrentarem uma situação para a qual não têm uma regra ou uma fórmula, a única coisa que podem fazer é fugir*[1].

Essa criação de regras alivia essas pessoas da difícil responsabilidade de tomar novas decisões.

As pessoas têm razão em sentir medo de seus impulsos instintivos, pois neles tanto existem perigosas potencialidades para o mal quanto possibilidades para o bem criativo. Mas seu erro consiste em tomar atalhos. As técnicas da repressão, da simples inibição e de criar regras, simplesmente não funcionam. Não podemos controlar pela desonestidade essas forças poderosas do inconsciente. Talvez a pessoa consiga tornar-se respeitável e circunspecta e nunca infrinja as regras da comunidade em que vive. Mas, de repente, lança-se a uma guerra que espalha o ódio e o assassinato pelos continentes até que países inteiros estejam banhados em sangue. Ou talvez seja perfeitamente moral em sua vida pessoal, mas incute tanto veneno em torno de si, com suas repressões, que seus filhos se tornam semineuróticos.

Mesmo no caso de indivíduo solitário é óbvio que um "combate" direto aos impulsos inconscientes não funciona. Temos, por exemplo, John Doe, um homem que tenta orientar-se por regras e resoluções detalhadas. Ele resolve isto ou aquilo em sua mente consciente e afirma-se na resolução com aquela tenacidade que nós, infelizmente, chamamos de "força de vontade". Mas são as forças de níveis mais profundos do inconsciente que têm mais relação com o comportamento de John Doe ou de qualquer outra pessoa. E se a sua resolução for tomada sem referência a esse "caldeirão do id", podemos estar certos de que no final será "esmagado por um rolo compressor". Então o Sr. Doe se pergunta por que não consegue manter sua resolução, por mais que tente conscientemente. Aliás, as próprias resoluções tomadas pelo Sr. Doe podem iniciar um processo compensatório em seu inconsciente que, ao se desencadear finalmente, vai levá-lo para o extremo oposto.

O que precisamos é de uma *cooperação* entre os impulsos instintivos e os objetivos conscientes. Se houver sobretudo um antagonismo entre o id e o superego, o resultado será uma separação cada vez maior entre a fração consciente, e nos vemos de repente empurrados por Deus sabe quais forças em nós mesmos. Não admira que nossos antepassados acreditassem na possessão satânica. O "diabo" é bem mais poderoso do que as pessoas finas supõem! A situação ideal é aquela em que o cavaleiro (o ego consciente, na terminologia freudiana) guia inteligentemente os cavalos (as forças do id). Uma tal relação de cooperação somente é possível se alicerçada na compreensão e na conciliação. Isso significa que o indivíduo deve, acima de tudo, ser *honesto* para com seus impulsos instintivos. Então, sua vontade não será uma luta livre particular na superfície limitada da consciência, mas uma reorganização da pessoa toda. Ao invés de simplesmente *tomar resoluções*, ele *será solucionado*. Suas decisões, apoiadas pelas forças das "enormes e poderosas profundezas", terão, assim, poder e eficácia.

Todo o bem que temos na vida, como também todo o mal, tem sua origem nesses impulsos instintivos. Lá brotam o amor e o ódio, o eros e o thanatos. A sexualidade, por exemplo, já arruinou muitas vidas, mas também já levou à criação de famílias, de grandes amores e de literatura sublime. A ira que nos assalta pode ser usada para a destruição de males e trazer, como consequência, grandes reformas humanitárias. Assim, o homem que combate com energia sua vida instintiva pode conseguir evitar o mal temporariamente, mas, ao mesmo tempo, bloqueia suas possibilidades de fazer o bem. Aquele que não sabe odiar, tampouco sabe amar, disse Emerson. O *Fausto* de Goethe provocou grande estrago levando à morte de Gretchen, matando o irmão dela à traição, mas também construiu diques e casas de modo que a terra pudesse ser cultivada. O indivíduo que tenta eliminar seus impulsos instintivos rouba à sua vida o conteúdo; seu rio está seco. Assim, se pudéssemos reprimir este lado obscuro e desregrado de nossa natureza, não quereríamos fazê-lo. Se o fizéssemos, estaríamos nos livrando de nosso joio, mas ficaríamos também sem nosso trigo.

Logo, a vida é algo mais portentoso do que admitem nossos pequenos sistemas. Nós seres humanos não somos aquelas criaturas mesquinhas como sugere nossa moralidade do mero "esforço". O homem pode construir grandes civilizações e pode depois arrasá-las com tanta violência que nada sobra a não ser sangue e ruínas fumegantes. O homem deixa-se matar por amor ou por ódio e mata pelas mesmas razões. O homem pode deixar sua personalidade dissipar-se, a ponto de mal poder ser diferenciado dos animais, mas pode também desenvolver a mente a ponto de "seus pensamentos divagarem pela eternidade". Pode libertar sua fantasia criativa até construir delgadas agulhas góticas, cuja beleza leve rivaliza com as criações do próprio Deus. As guerras mundiais são obra do homem, mas também é obra do homem a cultura grega clássica. Durante séculos o homem marchou com seus exércitos, mas durante outros tantos séculos lavrou o solo e velou junto às plantações que cresciam na primavera e alimentou seus semelhantes com os frutos da terra. A vida não é uma questão de simples otimismo, pois o mal existe; nem de mero pessimismo, pois o bem também existe. *A possibilidade da nobreza frente ao mal é que dá à vida seu significado trágico.*

Nossa atitude em relação aos impulsos instintivos deve ser, então, não de conflito e repressão, mas de compreensão e cooperação, que objetivem a utilização dessas forças para o bem. Isso requer coragem, uma vez que os instintos e o id são mais fortes do que supomos; isto significa olhar para além das regras morais, mesquinhas e superficiais, no interesse de uma moralidade mais significativa.

2. A estrutura da moralidade

Uma aconselhadora relatou-me a história de Janice D., uma universitária atraente que se entediou numa insatisfação geral consigo mesma e com a vida. Era uma garota talentosa e de gosto artístico, vinha de uma família abastada e começara sua carreira universitária de maneira respeitável, ingressando na associação de sua mãe e se matriculando no curso clássico. Foi durante o segundo ano que ela procurou a aconselhadora para conversar sobre sua recém-descoberta "religião universal", que parecia consistir na crença de que "tudo o que existe está correto". Janice anunciou então, repentinamente, que estava disposta a demitir-se do posto que ocupava na diretoria estudantil para "tomar um porre". A aconselhadora descobriu que a garota sofria de um acúmulo de tensões em sua personalidade, as quais tomavam a forma de um grande desejo de romper os laços de sua vida tradicional, e tinha procurado um professor que a aconselhara a encontrar um homem adequado, para com ele manter relações sexuais periódicas. Janice realmente tomou seu "porre", foi desligada imediatamente da associação e por pouco teria sido expulsa da faculdade, não fossem os esforços de um orientador compreensivo.

A aconselhadora, nesse caso, encontrava-se numa posição delicada. Se ela se houvesse assustado e implorado a Janice que controlasse e reprimisse seus impulsos rebeldes, teria perdido imediatamente a oportunidade de ajudar. Mas, felizmente, ela foi inteligente e corajosa e, embora não tivesse conseguido evitar que a garota se "desviasse" para a bebedeira, ainda reteve certa influência na situação. Felizmente Janice não pôs em prática a sugestão que recebera sobre o sexo, pois a mera expressão sexual, praticada sem outra finalidade que não o sexo em si, de forma fortuita e casual, não ajuda ninguém a resolver o problema de personalidade, e pode inclusive tornar as coisas piores.

Após sua bebedeira, Janice readquiriu o equilíbrio. Transferiu-se do curso clássico para a sociologia e dedicou-se a uma vida universitária válida e feliz. Hoje trabalha como diplomada em sociologia e parece estar a caminho de uma maturidade útil e construtiva.

Qual foi a importância dessa "farra" na vida de Janice? Notemos, primeiramente, que ela estava relacionada a uma mudança para uma *religião de afirmação da vida*. Em sentido definitivo, provavelmente, não era uma verdadeira religião. Representou sua tentativa ingênua de afirmar o universo. Sua transferência do curso clássico, que é um assunto relativamente formal, para a sociologia representa o mesmo movimento em direção à afirmação da vida real. O fato de se ter embriagado foi um encontro com a realidade, com êxito ou não, ao nível dos sentidos. Essa farra parece então representar as dores de nascimento de Janice em sua evolução da formalização para a vitalidade. Declarava assim seu direito de viver.

Essa foi a sua guerra de independência, com a qual buscava o direito de desfraldar a bandeira de sua própria autonomia individual, o que inevitavelmente envolvia um elemento de rebelião.

A tendência da maioria dos aconselhadores seria a de reprimir uma farra desse tipo em seus aconselhandos, pois reconhecem muito bem o perigo que representa. Mas, obviamente, Janice tinha, por assim dizer, essa farra em seu sistema, e teria que surgir de alguma forma, se quisesse tornar-se uma pessoa autônoma. A função da aconselhadora não era a de proibir essa expressão, mas fazer tudo para *dirigi-la para canais criativos*.

Não é raro acontecer que estudantes, carregados de aspirações acadêmicas subjetivas, achem necessário rebelar-se contra alguma coisa. O aconselhador não lhes pode dizer que não lutem, mas pode ajudá-los a esclarecer a questão de *contra o que* lutar. E existem muitos males, cujo combate fornecerá o "equivalente moral" de William James à embriaguez. É provavelmente verdade que todo jovem chega a um estágio de sua vida em que precisa rebelar-se, fazer sua farra, declarar-se autônomo, embora às custas de sofrimento para si próprio e para os outros. Não nos devemos assustar demais com isso. É o sinal da vitalidade, do poder e da potencialidade. É a prova do fluxo criativo dos impulsos instintivos. Se os adultos os convencerem da repressão, talvez estejam fazendo mais mal do que bem. Mas os aconselhadores podem sugerir outros canais de expressão. O jovem deve procurar seus prazeres, mas estes não precisam ser *loucos*. Logo, que se divirtam, mas os prazeres sejam usados da forma mais construtiva possível. E é nesse ponto que o aconselhador corajoso pode prestar auxílio.

3. Impulsos construtivos

Temos falado dos impulsos instintivos que afloram dentro de todo indivíduo e dissemos que o conteúdo da vida, incluindo a vida *moral*, é fornecido pela expressão desses impulsos. A pessoa que adquiriu essa autoexpressão saudável apresenta certas características que descreveremos agora.

A *espontaneidade* é a característica mais óbvia da pessoa que aprendeu a autoexpressão. A espontaneidade é considerada uma virtude porque indica que o indivíduo integrou os níveis mais profundos da personalidade. Ele conseguiu certa unidade entre os impulsos inconscientes e seus objetivos conscientes e, por conseguinte, não precisa sempre "pensar duas vezes antes de falar". Conciliou-se com a vida instintiva e libertou-se, assim, da necessidade de estar sempre alerta para não dizer ou fazer algo de que mais tarde se arrependa. A pessoa espontânea age, usando mais o si-mesmo inteiro. O simples fato de que pode fazê-lo prova que adquiriu certo grau de saúde da personalidade. Por outro lado, o indivíduo que não se conciliou com a vida instintiva, que está sempre numa guerra ferrenha contra si próprio, não se pode dar ao luxo de ser espontâneo, pois teme que um cão bravo salte das profundezas de seu inconsciente e arruíne imediatamente sua reputação. Por conseguinte, podemos muito bem suspeitar de que aquele que está sempre se controlando cuidadosamente na fala e nas atitudes tem, na verdade, tendências acentuadamente antissociais que deve manter encobertas.

A *integridade* é outra característica da pessoa que aprendeu a autoexpressão saudável. Integridade significa falar e viver das profundezas da personalidade. Chama-se isso mostrar ao mundo seu *verdadeiro si-mesmo*, o que na verdade quer dizer mostrar mais da totalidade do si-mesmo. Todos nos ressentimos quando outras pessoas não são autênticas em nossa presença, pois temos a impressão de que suas ações e palavras não procedem de nenhum nível profundo de seu ser. Temos a impressão de que, se uma pessoa assim estivesse sob hipnose, seus murmúrios inconscientes diriam o oposto do que nos dizem seus elogios conscientes ou, ao ir para casa e despir-se de suas máscaras artificiais, dirá à esposa que realmente nos considera uns cretinos. Espontaneidade e sinceridade são, numa palavra, apenas formas de honestidade elementar. *Falar, agir e viver das profundezas da totalidade do si-mesmo*, eis o ideal.

Outra característica importante da pessoa auto-expressiva é a *originalidade*. Não é preciso dizer, mas muitas vezes se esquece, que todo indivíduo é singular, diferente de todo si-mesmo que existiu, existe e existirá no mundo. Quando ele consegue sua própria identidade singular, torna-se autônomo, um si-mesmo original, dirigido de dentro. Suas reações têm uma certa novidade; ele passa pela vida como uma brisa refrescante. Livrou-se da camisa de força dos sistemas das regras externas e tende a tornar-se cada vez mais dinâmico. Não podemos esperar ser medidos ou medir os outros pela unidade de medida padronizada e artificial de consistência. Nada é consistente na vida – toda situação é diferente da outra e toda pessoa diverge hoje do que foi ontem. Por isso o indivíduo que conseguiu sua originalidade pode enfrentar melhor a mutabilidade contínua das situações da vida. Tornou-se parte da infinita criatividade do processo vital que é expressa na criatividade singular de seu próprio si-mesmo. Sua vida aflora de dentro e isto é que dá força e convicção à sua personalidade.

Segue daí que as novas formas de *liberdade* são uma característica especial do indivíduo que se conciliou com seus impulsos instintivos. É óbvio que não se pode ser livre quando a consciência está empenhada numa guerra contra as pressões do inconsciente. Por isso, pode-se resumir o objetivo do tratamento psicoterapêutico como sendo "a libertação do indivíduo" – libertação das repressões e inibições especiais, das fixações da infância, dos clichês da educação, etc. Sente-se grande pena da maioria das pessoas por serem escravizadas por medos desnecessários. Vê-se que elas passam pela vida carregando grandes pesos psicológicos que, na verdade, as afastam da liberdade mais do que o prisioneiro arrastando sua bola de ferro presa ao tornozelo. É um truísmo dizer que a maior parte das pessoas desenvolve apenas um terço ou menos das potencialidades de sua personalidade. O aconselhador objetivará libertar as pessoas, de maneira que elas possam desenvolver-se em si-mesmos autônomos e singulares e de forma que compreendam certas potencialidades ocultas de suas personalidades.

É necessário coragem para viver a vida da autoexpressão. Para amar profundamente, para admitir o ódio sem permitir que ele destrua o equilíbrio, para expressar a ira quando é sincera, para elevar-se a cumes de felicidade e para conhecer a dor profunda, para empreender aventuras longínquas apesar da solidão, para captar ideias elevadas e pô-las em prática; resumindo: para viver completamente o número infinito de impulsos instintivos que surgem como desafio glorioso em nosso interior, é preciso coragem. Não devemos retroceder à covardia. Devemos ter "a coragem da imperfeição", como dizia muitas vezes Adler, de superar pequenas inibições, de seguir adiante apesar de todos os nossos pequenos aborrecimentos, e de triunfar sobre a carga dos temores desnecessários. As pessoas são propensas a retroceder, pois sabem que adiante o caminho está repleto de perigos. Mas esse retrocesso é geralmente o início de seus problemas de personalidade, pois a corrente da vida não pode ser represada. O aconselhador procura dar às pessoas coragem de viver, procura ajudá-las a superar os pequenos temores, o medo de encontrar pessoas, o medo de se apaixonar, as ansiedades que podem assaltá-las ao começar num novo emprego. Como é grande a proporção de apreensões que assaltam as pessoas e que são desnecessárias e inúteis! Há motivos para a apreensão profunda, inerente às trágicas possibilidades da vida, conforme veremos adiante, mas a infinidade de pequenos temores e preocupações simplesmente afastam, a cada dia, as pessoas da vida criativa. Os seres humanos não podem ficar parados; devem prosseguir ou vão estagnar, sabendo que mais para a frente existem grandes possibilidades tanto para o bem quanto para o mal.

Sim, os poços artesianos dentro do indivíduo não devem ser estancados. O curso da vida, com todos os seus impulsos instintivos e matizes emotivos, deve fluir indefinidamente. O objetivo do aconselhador é dar às pessoas que vêm a ele com o ânimo abatido um lampejo das grandes possibilidades de no futuro serem felizes e realizadas. Deste ponto de vista os grandes profetas da vida de autoexpressão estão certos. Certo está Rousseau quando exclama:

"Ah! Viver deve ser uma coisa linda!"[2], e exorta as pessoas a viverem intensamente a vida. E certo está Nietzsche, quando ataca, dizendo: "A 'virtude', em minha opinião, foi *mais* prejudicada pelo *tédio* de seus defensores do que por qualquer outra coisa"[3], e desafiava as pessoas a serem "espíritos livres" e a se expressarem heroicamente como "super-homens".

X
RELIGIÃO E SAÚDE MENTAL

Harold era um jovem ministro recém-formado no seminário, agora a ponto de assumir a sua primeira paróquia. Planejava casar-se dentro de alguns meses, mas temia que o casamento tivesse de ser adiado, devido à sua precária saúde. Temia um colapso nervoso total. Na verdade, ele já estava à beira disso. Estava tão nervoso, que lhe era difícil continuar seu trabalho, e seus amigos o haviam aconselhado a deixar a paróquia e submeter-se a um repouso absoluto por alguns meses.

Harold dizia que seu nervosismo provinha de sua constante preocupação. Não conseguia parar de preocupar-se – foi esse o problema que trouxe ao aconselhador. Ele havia tentado "reduzir" essa preocupação, para usar seus próprios termos da descrição, mas seus esforços haviam sido em vão. Um "complexo" de inferioridade o havia atormentado durante alguns anos. Dizia sentir-se inferior a todos com quem falava.

Como aconselhador, notei que era magro, pálido, de olhos apagados e distantes, e observei que, sentado, não ficava quieto, mexendo-se continuamente. Um outro sinal de nervosismo era seu hábito de mudar de assunto abruptamente. Falou da mulher com quem ia se casar como sendo uma exímia organista de igreja e uma professora de escola dominical com muita experiência. O principal motivo que o levou a escolhê-la parecia ser sua adaptabilidade como esposa de um ministro e como assistente no trabalho na igreja.

Não conseguia entender o porquê de sua saúde precária, pois havia deixado de fumar na universidade, depois passara a abster-se de café e chá e, recentemente, acrescentara o chocolate à lista de suas renúncias. Tinha renunciado ao fumo e a essas bebidas, dizia, por causa de seu ideal de guardar o corpo como "templo de Deus". Na universidade havia também abandonado o hábito de jogar cartas, dançar e praguejar, a fim de não "rebaixar seus ideais e seguir o caminho das outras pessoas que faziam essas coisas". Sempre fora muito seletivo em relação às pessoas com que se relacionava e, em sua paróquia atual, cuidava em não ser visto na rua com mulheres que não fossem "respeitáveis". Os jovens da cidade dançavam e jogavam cartas e, quando lhe perguntavam por que não fazia o mesmo, apenas respondia que dançar era pecado para ele, mas "não posso dizer que seja para você. Talvez você seja suficientemente forte para fazê-lo".

O que há de errado com Harold?

1. A religião neurótica

Ele já está no processo de um colapso nervoso. Se não nos tivesse contado isso, tê-lo-íamos previsto, pois os elementos do estilo de vida descrito acima conduziriam, inevitavelmente, a uma crise de personalidade desse tipo. Ele teve razão ao enfatizar seu sentimento de inferioridade. Observamos que seu estilo de vida está construído sobre um sentimento básico de insegurança, uma insegurança tão acentuada que ele tem que se esforçar moral e religiosamente para compensá-la. E, falhando tais esforços, a única saída teria sido um colapso nervoso. Podemos supor que suas renúncias tinham o propósito de elevar seu prestígio moral acima do prestígio das pessoas que o cercavam. Já nos disse com outras palavras que essa era a técnica que usava para se fazer superior a seus colegas universitários. E agora essa é a maneira de triunfar sobre as outras pessoas de sua cidade. Esse sentimento básico de insegurança está evidenciado em seu forte desejo de ser "respeitável". Interiormente ele sente que não o é. Está mesmo usando seu casamento como um degrau nesta escada de egocentrismo, através da qual chegue à vitória moral e religiosa. Se o principal motivo de se casar com sua noiva é a capacidade que ela demonstrou de adaptar-se como esposa de um ministro, está se casando pelo que ela pode fazer para promover seu sucesso pessoal. Um motivo tão egoísta só pode levar a um malogro no casamento.

Certas pessoas, ao notar como ele estava usando a religião para amparar seu estilo de vida egocêntrico, certamente o aconselhariam a alijar totalmente a religião de sua vida. Aliás, isso poderia trazer-lhe algum bem. Pois, ao livrar-se de sua falsa religião atual, Harold seria, finalmente, obrigado a assimilar certos elementos verdadeiramente religiosos. Mas o procedimento do aconselhador não será usar desse método rude, mas ajudá-lo a compreender seu sentimento de inferioridade básico, que o conduz à competição moral e religiosa sem sentido. Isto poderia ajudá-lo a desenvolver uma segurança interna e uma coragem autêntica.

Tomando o caso de Harold como base, selecionemos alguns testes pelos quais podemos descobrir e evitar as tendências neuróticas na vida religiosa. Observamos, primeiramente, que a religião de Harold servia de barreira entre ele e as outras pessoas. Realmente, sua *raison d'être* era a construção dessa barreira. Os grandes mestres religiosos, embora amiúde forçados a romper com as exigências superficiais da sociedade em que viviam, enfatizaram sua ligação profunda e básica com seus semelhantes. Podemos concluir que a religião tem uma perigosa tendência neurotizante sempre que separa um ser humano do outro.

Observamos, em segundo lugar, que a religião de Harold não apelava para sua coragem, mas para sua covardia. Era o instrumento pelo qual seu ego tentava adquirir uma segurança fictícia. Não há nada de depreciativo no fato de a religião suavizar o sentimento de insegurança. Na verdade, uma das funções básicas da religião é dar ao indivíduo segurança *verdadeira*. Mas a tendência perigosa é que indivíduos religiosos, como Harold, esforcem-se para adquirir essa segurança por meio de atalhos que levam apenas aos bosques da ilusão e nunca chegam à estrada da segurança verdadeira. Sendo primariamente um instrumento para enfrentar a fraqueza, essas estratégias o abrigavam em seu estado de dependência e imaturidade. Ele é uma demonstração clara da acusação de Nietzsche de que o cristianismo, como era praticado no tempo dele, era uma expressão da covardia. Pode-se concluir que a religião, seja do tipo que for, tende a se tornar neurótica sempre que *ela apelar mais à fraqueza do que à força da pessoa.*

E, finalmente, no caso de Harold, onde estava a "abundância da vida"? Sua vida era truncada, fria e medrosa. A única alegria que experimentava consistia em seu triunfo egoísta sobre os outros. Já se encontrava nos primeiros estágios de um colapso nervoso, o selo da natureza que desaprovava um tal modo de vida. Onde está o senso de aventura, a confiança simples, calma e alegre na vida? Seja cristianismo, budismo, sufismo ou outra religião qualquer, sua prática torna-se neurótica sempre que *ela tolhe e empobrece a vida, destruindo assim a possibilidade da vida em abundância.*

Observando como indivíduos neuróticos se entregavam à religião, Freud concluiu que a religião por si mesma intensifica a neurose. Diz ele que a religião é um meio pelo qual o homem se oculta num estado pueril de dependência e proteção. Amedrontados com a profunda insegurança da vida e recuando diante das decepções e rudezas do mundo, os seres humanos criam um sistema religioso, através do qual possam retornar à proteção que a criança goza junto a seus pais. Os dogmas do sistema religioso que possibilitam a crença na inteligência, na finalidade última e na lei moral do universo "são ilusões, são realizações dos mais velhos, são os mais fortes e mais insistentes desejos da humanidade"[1]. A religião apela às nossas tendências neuróticas. Na verdade, "a religião seria a neurose obsessiva universal da humanidade"[2].

Freud conclui profetizando que, com o avanço da raça humana e o progresso da ciência, a religião gradativamente será abandonada.

Deve-se admitir que há muita coisa de verdade nessas acusações. Certas pessoas *fazem uso* da religião como um meio para se apoiarem num estado intermediário de desenvolvimento, construindo para si um ninho de falsa segurança e proteção em que possam ver a vida como proteção doce e cor-de-rosa que cuida de todos os verdadeiros crentes. O desejo de aderir a seitas é ilustrado por milhares de convertidos aos Moonies, Radjneeshians, etc., apesar de muitas pessoas não receberem ajuda real nem temporária delas. A questão é sempre esta: o que está acontecendo afinal? Não podemos esquecer o Rev. Jim Jones e o suicídio em massa de seus 919 adeptos na Guiana, só porque Jones ordenou que o fizessem.

Na verdade, *todos os aspectos da cultura podem ser usados dessa forma quando indivíduos neuróticos deles se apossam*. A literatura pode ser um voo de evasão da vida, aumentando a enfermidade, mas também pode ser um exercício deveras eficaz na promoção do ajustamento psicológico e do sentido espiritual. O mesmo se dá com a filosofia, a arte e outros assuntos que Rank chama de "as grandes terapias espontâneas da pessoa humana"[3].

O *abuso* da religião é o que Freud ataca. E até esse ponto está certo e tem muito de valor a nos ensinar. Mas a religião autêntica, ou seja, uma *afirmação fundamental do sentido da vida*, é algo bem diferente. E é nesse último aspecto que estamos interessados aqui.

2. A paixão por significado

A atitude neurótica pode ser melhor descrita como uma incapacidade de *afirmar*. "Afirmar" significa mais do que simplesmente "aceitar"; é um aceitar ativo, um dizer "sim", não apenas verbal ou mental, mas como uma resposta de toda a personalidade. Os neuróticos não conseguem afirmar relações; estão em guerra com a categoria humana. Como já dissemos, encaram as outras pessoas com uma desconfiança básica e com hostilidade. Não conseguem afirmar o universo – também ele é um inimigo, obra de satanás ou mefistófeles. Parecem dizer: "Fomos arrancados do ventre da mãe contra a nossa vontade, e desejamos voltar para lá".

Esta falta de capacidade de afirmar a si próprio, a seus semelhantes e o universo está ligada ao acentuado sentimento de insegurança do neurótico. Os neuróticos não aceitam o fato de que todo mundo se sente inseguro; é parte do preço que pagamos por vivermos como indivíduos. A verdadeira religião é uma ajuda para transformar a ansiedade neurótica numa ansiedade normal e criativa. Mas o neurótico, ao contrário do indivíduo saudável, não consegue entrar em acordo com essa insegurança; ela lhe causa ansiedade demais; ela paralisa a ação e deixa a personalidade em pânico.

A incapacidade de afirmar é apenas um outro termo para a incapacidade de *confiar*. Por não ser capaz de confiar, o neurótico carece de *confiança* e da qualidade correlata, a *coragem*. Ele se esforça então para permanecer dependente em alguma situação de falsa segurança.

Essas qualidades estão inter-relacionadas. Se o neurótico tivesse a capacidade de confiar e, colateralmente, se tivesse confiança e coragem, poderia dar à vida uma resposta afirmativa. E, ao dar essa resposta afirmativa, estaria de certa forma afirmando sua segurança, o que lhe daria condições de superar construtivamente a ansiedade. Por não ser capaz de afirmar, ele é apanhado num círculo vicioso que, como já vimos, leva finalmente ao colapso nervoso. O universo que realmente é neutro enquanto permanecerem os valores atuais é considerado por ele como hostil e, por isso, constrói vários quadros compensadores do céu e da vida após a morte.

Não estou fazendo julgamentos; estou tentando descrever nossa ansiedade humana e a maneira como nos comportamos em relação a ela.

Isto, em última análise, é um problema religioso, quer a pessoa o considere assim ou não. Se alguém puder ter confiança no sentido da vida, puder acreditar no valor último do próprio si-mesmo e do dos outros, puder confiar que o universo tem um significado no qual sua própria insegurança pode ser superada, então poderá experimentar a confiança e a coragem de que necessita para viver. Um trecho de Jung expressa isto muito bem:

> Dentre todos os meus pacientes que estavam na segunda metade da vida, isto é, acima dos trinta e cinco anos, nenhum houve cujo problema, em última instância, não fosse o de encontrar uma perspectiva religiosa para a vida. Posso dizer, com segurança, que todos eles adoeceram porque haviam perdido aquilo que as religiões vivas de todas as épocas deram a seus fiéis e nenhum deles realmente se curou sem ter recuperado sua perspectiva religiosa[4].

Em termos gerais, isso é válido também para pessoas na primeira metade da vida. É o problema de o indivíduo encontrar significado em sua própria vida e um significado último no processo da vida. O que ele precisa para viver, diz Jung, é "a fé, a esperança, o amor e o *insight*"[5].

Abordando a questão pelo lado negativo, perguntemos o que acontece à saúde mental quando está ausente esse significado que a religião dá. Em outras palavras, qual o efeito do ateísmo sobre a personalidade?

3. O ateísmo como desencorajamento

Frank era um ateu de verdade. Na época dessa entrevista, era segundanista de uma faculdade, um jovem intelectualmente brilhante e de bons antecedentes culturais. Mas não estava se dando bem na universidade. Praticamente não estudava e, por isso, tinha problemas acadêmicos, apesar do alto grau de inteligência. Não procurava nenhuma vocação em particular; na verdade, parecia não ter quaisquer interesses que o absorvessem. Passava seu tempo lendo muito, mas superficialmente, bebendo e levando uma espécie de vida social desregrada. Realmente encontrava-se constantemente num estado tão opressivo de melancolia que beber e usar de mulheres como seus passatempos era seu único modo de obter algum alívio. Ele era, naturalmente, cínico. Raramente sorria quando falava comigo e, de modo geral, era muito infeliz. Seus antecedentes familiares quanto à religião eram neutros, e ele alegava ser ateu.

A maior parte das pessoas que se dizem ateias não o são realmente. Mas não há dúvida de que Frank era ateu. Prova disso era que não havia, falando de forma prática, qualquer significado em sua vida. Sua personalidade estava se desintegrando. Como era de se esperar, estava cheio de problemas. Sentia que sua vida não tinha nenhuma finalidade. E do ponto de vista psicológico era obviamente neurótico.

Sempre me impressionou o fato de que praticamente todo ateu verdadeiro com quem lidei demonstrou nítidas tendências neuróticas*. Como justificar esse fato curioso? Será apenas por que tendemos a classificar os ateus como neuróticos por eles serem, por definição, rebeldes contra um aspecto da cultura convencional? Sim, até certo ponto.

Mas há uma razão mais profunda. Observamos que a característica marcante de Frank era sua falta de objetivo. É claro que sua personalidade estava se desintegrando, pois faltava-lhe um núcleo. Era mais do que um desajuste de tensões, era a falta de estrutura em torno da qual pudesse ser feito qualquer ajustamento. É por isso que uma negação da finalidade, tanto na vida pessoal quanto na vida como um todo, é tão séria para o neurótico. Ele não tem estilo de vida, pois sua vida não se move em nenhuma direção. Conse-

---

* Não estou falando de pessoas como John Dewey ou como o próprio Freud. Eles tinham obviamente muito sentido em suas vidas. Defino o ateísmo como a "formulação teórica da vida desencorajada".

quentemente, Frank não achava qualquer significado em sua existência. A vida realmente era para ele "uma história contada por um idiota, repleta de ruído e fúria, significando nada". Esse estado neurótico pode ser definido pelo termo religioso "inferno". A desintegração gradativa, o colapso da unidade, a luta contra si próprio e tudo o mais, é certamente um inferno, se ele alguma vez existiu.

Todo indivíduo deve ter certa crença na finalidade de sua vida, por mais fragmentária que seja, se quiser alcançar a saúde da personalidade. Sem finalidade não pode haver significado. E, finalmente, sem um significado não se pode viver. A finalidade serve na personalidade como o núcleo de aço num eletroímã – ele unifica as linhas de força, permitindo assim que o ímã desenvolva sua força real.

A saúde da personalidade também requer que o indivíduo acredite em alguma finalidade no processo da vida como um todo e também em sua própria vida. Não se pode viver numa ilha de significado, cercado por um oceano de absurdo. Se o universo é louco, suas partes devem ser loucas também. Isto fundamenta a primeira afirmação acima, de que o neurótico necessita afirmar-se a si próprio, à sociedade e ao universo. Os três aspectos da afirmação da vida andam lado a lado.

É precisamente nisso que a religião consiste. A religião é a crença no processo total da vida. Não me refiro, naturalmente, à religião de um Harold ou de qualquer seita dogmática, mas à religião como uma atitude básica com a qual confrontamos nossa existência.

Jung encontra o significado procurado nas camadas mais profundas do inconsciente coletivo. Aí está a origem da ideia de Deus, um arquétipo, uma "imagem primordial".

> "A ideia de um ser divino todo-poderoso está presente em toda parte e, embora não seja reconhecida conscientemente, ela é aceita inconscientemente, pois trata-se de um arquétipo... Logo, considero uma medida mais sábia reconhecer a ideia de Deus conscientemente. Do contrário, alguma outra coisa torna-se deus, normalmente algo muito inadequado e estúpido[6]."

No processo da cura do neurótico, diz Jung, "os arquétipos chegam a ter vida independente e passam a servir como guias espirituais para a personalidade, suplantando, assim, o ego inadequado, com sua vontade e seus esforços fúteis. Como uma pessoa de mentalidade religiosa diria: a orientação veio de Deus... Devo exprimir-me em termos mais modestos e dizer que a psique despertou para a vida espontânea"[7]. Encontrar a religião consiste em encontrar essas camadas profundas do inconsciente e assimilá-las no viver consciente. Jung descreve as pessoas que alcançam isso assim:

> Elas se tornaram elas próprias, foram capazes de aceitar-se, de se reconciliar consigo mesmas e, através disso tudo, reconciliaram-se com os acontecimentos e circunstâncias adversas. Isso é muito semelhante ao que foi anteriormente expresso, ao se dizer: ele fez as pazes com Deus, sacrificou sua própria vontade, submeteu-se à vontade de Deus[8].

Definir Deus como um arquétipo soa estranho aos ouvidos modernos, mas tem bom fundamento teológico na história. É uma ideia semelhante à de Platão sobre o bem, a ideia última ou arquétipo, que ele chama Deus. Os místicos cristãos falam muitas vezes de encontrar a Deus na camada mais profunda do si-mesmo, o inconsciente coletivo onde a subjetividade e a objetividade deixam de existir. "Nas profundezas da alma", disse Santo Agostinho, "o pensamento e o ser são a mesma coisa".

A explicação de Jung sobre a experiência religiosa é estimulante e útil, mas incompleta. Ela enfatiza a imanência de Deus no indivíduo, mas o perigo está em pararmos aqui e identificarmos Deus com os níveis mais profundos do si-mesmo. Em outras palavras, é Deus apenas o seu si-mesmo inconsciente ou, o que não é muito diferente do ponto de vista qualitativo, os si-mesmos coletivos de um grupo de pessoas? O modo de ver de Jung precisa de equilíbrio por uma ênfase na natureza transcendente de Deus, que encontramos nas disputas históricas da teologia.

4. O aconselhamento e o Infinito

Quanto mais profundamente o pensamento penetra no campo da psicoterapia, mais nos aproximamos dos domínios da teologia. A psicoterapia começa com o problema de como o indivíduo neurótico pode viver de modo mais eficaz. Daí surge o problema de encontrar sentido na vida do neurótico e nesse ponto a psicoterapia se descobre lidando com assuntos teológicos. As questões fundamentais, onde termina a psicoterapia, apontam para o campo da teologia.

Vimos que isso é verdade em nossa análise da personalidade, nos dois primeiros capítulos. Descobrimos aí que qualquer representação adequada da personalidade deve levar em conta a tensão que existe na natureza humana, tensão entre o que a pessoa é e o que ela devia ser. Teologicamente falando, é a contradição entre o pecado existente na natureza humana, por um lado, e a resposta à estrutura universal, ou Deus, por outro lado. Lembremo-nos de que os psicoterapeutas Jung e Rank reconheceram abertamente essa contradição, que denominaram "dualismo" da natureza humana e admitiram claramente que dependiam da teologia para responder a esta busca universal.

Realmente as pessoas humanas encontrar-se-iam numa situação impossível que parece estar de volta de novo com o cântico "Graça surpreendente". Graça é um termo teológico, mas que tem seu correspondente na psicoterapia: "clarificação". Quando um indivíduo neurótico é apanhado no círculo vicioso do egocentrismo, não conseguindo suportar bem a tensão que sua liberdade lhe impõe e usa mal sua autonomia num egocentrismo autodestrutivo, a "clarificação" o torna capaz de romper os tentáculos asfixiantes do egocentrismo.

Podemos aprender muito das práticas dos Alcoólicos Anônimos, método que teve sucesso em ajudar os alcoólicos e viciados em drogas a controlar seus hábitos. O aspecto essencial no início do tratamento é o *desespero* do alcoólico. A crença do viciado de que possa parar de beber por opção é atacada impiedosamente; somente quando se entrega completamente, sentirá algum alívio. Se o novo membro não sentir desespero, os outros membros esmeram-se em atacar seu "falso ego" até admitir que sente desespero.

O outro pré-requisito essencial para superar o vício é a crença em alguma força no universo maior do que o próprio si-mesmo, não importa a forma que essa crença assumir. Isto capacita o viciado a acreditar num poder curador além do si-mesmo, um poder que não é egocêntrico.

O que acontece psicologicamente podemos descrever assim: O neurótico sofreu enfim tanto que está disposto a renunciar a tudo, inclusive à própria vida se necessário for. A pessoa se encontra naquele estado em que é capaz de dizer: "Não a minha vontade, mas a vossa seja feita", e nesse momento sente que não tem significado como criatura autodeterminante, mas apenas em ser, em pequena escala, o canal do significado do universo. Felizmente a estrutura do universo esteve lá todo o tempo com seu chamado; e quando o indivíduo consegue responder, age sem um motivo predominantemente egocêntrico. Porque perdeu sua vida, ele a encontrou.

Estamos certos em chamar a isso de *graça de Deus*, pois seria absurdo pensar que o indivíduo o faz por si próprio. Ele desiste, e a força curativa do universo, se quisermos assim denominá-la, vem em seu socorro. Não é que a pessoa o mereça; apenas quando ela parar de pensar que o merece, estará numa posição de receber ajuda.

Há em nós um senso de *aposta* que foi descrito por homens famosos. O psicólogo e filósofo William James esteve sujeito a fortes depressões quando tinha quase trinta anos. Conta-nos em sua autobiografia, enquanto estudava psicologia na Europa, que não conseguia acreditar na liberdade humana. Parecia que a convicção de que todas as suas ações eram na verdade *re*ações, o subjugava, à semelhança dos cachorros de Pavlov; suas intenções pessoais nada tinham a ver com os resultados. James esteve por muitos meses tão deprimido que pensou seriamente em suicidar-se.

Finalmente lhe ocorreu que podia *apostar* na liberdade, que podia decidir-se no início de cada dia a querer acreditar na liberdade por esse dia. Percebeu que sua aposta funcionava. Sua crença na liberdade mostrou-se *ser* sua liberdade.

Outro exemplo é Blaise Pascal, físico francês do século XVII. Pascal chamou sua descoberta pelo mesmo nome; fez uma *aposta* de que havia sentido no universo. Se estivesse certo em postular Deus, como ele o descreveu, seria mais feliz e a vida teria sentido; se estivesse errado, não teria perdido nada. Este senso de aposta na própria vida, podemos acrescentar, é tão válido psicológica quanto religiosamente. Precisamos arriscar, postular nossa vida, e então a conclusão terá um dinamismo e poder que nunca teve antes.

Então o ser humano experimenta uma "humildade cósmica" que o liberta de sua carga de arrogância; evita o que os gregos clássicos chamavam de *hubris*. Percebe, mais do que anteriormente, a importância de seu valor pessoal no aspecto em que, como uma personalidade, participa do Logos divino do significado e consegue entender lampejos dele, de quando em vez. Ele tomará a atitude de "devolver" ao universo uma parte da dívida que, como criatura, contraiu com ele – e esta é a raiz de um sentimento válido de *dever*. Ele reconhecerá que existem propósitos, os quais se estendem em círculos muito maiores do que seu pequeno mundo e buscará harmonizar-se com eles.

Esta clarificação ou, se quisermos, esta experiência da graça não acontece subitamente ou de uma vez por todas, de tal forma que o indivíduo possa proceder mais tarde sem qualquer preocupação. Aqueles que acham que foram "salvos" e, portanto, libertados permanentemente da tensão fundamental erram totalmente. Caíram numa areia movediça, a falsa "santificação", que é ainda mais sutilmente egocêntrica.

Esta experiência é um novo ordenamento das tensões na personalidade e um ajustamento que deve ser continuamente refeito. Há uma experiência-pico, como diz Maslow, uma "conversão" após o clímax do sofrimento e o influxo súbito da compreensão. Mas a graça deve ser um dom contínuo, assim como a clarificação.

É importante para o indivíduo clarificado lembrar que ainda tem o "velho Adão" dentro de sua consciência, mas que é capaz de confrontar-se criativamente com essa tendência egocêntrica. Ele não entra subitamente num estado de bem-aventurança. A tensão permanece, mas a clarificação (usamos aqui o termo como sinônimo de graça) retirou o veneno das presas do egocentrismo. A pessoa ainda tende a tomar decisões egoístas, mas, por estar consciente da tendência, sua vida será menos egocêntrica na motivação.

Esse "desistir" não significa, de forma alguma, que o indivíduo renuncie à sua criatividade, tendendo, por isso, a tornar-se estático e improdutivo. Pelo contrário, o fato de alcançar a graça e a clarificação de que estamos falando efetua, precisamente, o ajustamento mais criativo das tensões dentro do indivíduo. Seu egocentrismo é o obstáculo à sua criatividade. E uma vez liberto dele, ao menos até certo ponto, será capaz de exprimir sua criatividade muito mais direta, espontânea e gratificadoramente. Nas palavras de Paulo, as cadeias da Lei foram removidas e o espírito pode elevar-se com suas próprias asas. Existe uma criatividade da graça e nela o indivíduo não desperdiça suas energias, lutando contra inibições e constrições. As energias libertas do artista, que não mais está absorto em debater-se consigo mesmo, podem cortejar a beleza com uma experiência de liberdade.

A clarificação e a graça não apagam a culpa, mas adquire-se com elas a capacidade de aceitar e afirmar a culpa. A aceitação dela, a compreensão dela – classicamente denominada "arrependimento" – está ligada ao surgimento da graça. O fato de a culpa (ou o pecado, ou o egocentrismo, ou seja lá como for chamada) nunca ser completamente removida prova a importância da humildade na experiência. Não existe lugar para: "Senhor, eu vos agradeço por não ser como os outros homens". A satisfação presunçosa na própria salvação não tem lugar nem psicológica e nem religiosamente. E isto é assim porque quanto mais clarificado o indivíduo se torna, mais compreende sua condição humana imperfeita. Entende-se o paradoxo de que os mais sensíveis à graça universal se chamem a si mesmos os "maiores pecadores", conforme o ensinaram os santos através da História.

Certas pessoas aceitam e afirmam apenas o que têm de bom em si, ou afirmam o universo somente na medida em que este é bom para elas. Essa é uma falha a que nos conduzem nossas tendências utópicas e que desconhece os aspectos mais profundos da vida. É como se a pessoa afirmasse apenas um mundo bem-aventurado, do qual se pudesse cantar: "Deus está nos céus, tudo vai bem com o mundo". Se tudo estivesse bem no mundo, não haveria significado para a personalidade e certamente não haveria necessidade de aconselhadores e de psicoterapeutas.

Na situação do homem nem tudo está certo; há desarmonia dentro dele e desarmonia neste mundo doente. Psicológica e religiosamente a doença resulta de qualquer tentativa de fugir dessa desarmonia. É como a criança mimada, como diria Adler, que está disposta a "brincar", mas só se o universo brincar ao modo dela.

O indivíduo saudável, por outro lado, está disposto a caminhar sobre a corda bamba da insegurança e a afirmar a verdade e o bem, mesmo quando a verdade está no patíbulo e o bem nunca seja realizado com perfeição. Jó nos ensina muito nesse ponto, isto é, a necessidade em se afirmar o bem, mesmo que o indivíduo em si experimente pouco desse bem. A recompensa pela saúde mental e religiosa só a consegue quem for capaz de exclamar com Jó: "Mesmo que Ele me aniquile, ainda assim confiarei nele". Após a experiência da clarificação e da graça, o indivíduo é tomado de um senso único de liberdade. Ele encontrou finalmente a si mesmo, encontrou seus semelhantes e encontrou o lugar de todos no universo.

NOTAS

Capítulo I

1. Talvez seja oportuno darmos aqui um breve *esboço histórico* do desenvolvimento da psicoterapia. Ele inclui vários dos grandes filósofos da História que legaram contribuições especiais para a compreensão da personalidade.

Suas raízes se estendem à filosofia de Sócrates, ilustrada em máximas como: "Conhece-te a ti mesmo" e "O conhecimento é virtude", que reaparecem particularmente no pensamento moderno de Adler. Platão demonstra *insights* profundos do amor e da natureza do inconsciente que têm seus correspondentes modernos especialmente no junguianismo. O estoicismo antigo fez grandes esforços no sentido de submeter os processos psicológicos ao controle racional; cf. as *Meditações* de Marco Aurélio. Não temos espaço para assinalar a importância de filosofias mais antigas, como o epicurismo, ou o misticismo cristão primitivo. Mas Agostinho deveria ser mencionado como um dos mais profundos precursores da psicologia. Sua ideia de que nas profundezas da alma individual deixa de existir o hiato entre subjetividade e objetividade é uma afirmação clássica, ainda válida como o pressuposto central da psicoterapia.

Descartes (século XVII), com sua infeliz separação entre a mente e as funções corporais, levanta o problema que a psicoterapia procura resolver. Então Spinoza esforçou-se por criar um esquema de controle psicológico do si-mesmo por meios muito racionalistas. Suas ideias de que a qualidade de nossa felicidade depende das coisas que amamos, que as coisas que tememos são prejudiciais apenas em nossas mentes, que toda paixão é uma ideia confusa que pode ser clarificada pela compreensão calma, demonstram uma compreensão psicológica penetrante, ainda que incompleta (cf. sua *Ética*).

Rousseau (século XVIII) é extremamente importante como uma das figuras principais no movimento romântico, do qual depende a psicoterapia moderna. Em sua vida, em seu pensamento e em suas pregações, Rousseau encarnou o emocionalismo, a rebelião contra as restrições da sociedade e os anseios de "volta à natureza" que os românticos sempre sentiram e que ocupam um lugar de destaque no pensamento psicoterapêutico moderno (cf. *Civilization and Its Discontents*, de Freud). Estes aspectos do pensamento de Rousseau são básicos para a psicoterapia posterior: o vitalismo (ou a ênfase da força vital), a reação contra o racionalismo, o individualismo, a confiança na natureza. Ele acreditava na autoexpressão, em viver completa e intensamente. Sua definição da educação como um "desdobrar inconsciente e direto do indivíduo" (*Emile*) possui afinidades surpreendentes com a perspectiva adleriana. Sua confiança na bondade da natureza humana também aparece no pensamento de Adler.

Schopenhauer e Nietzsche (século XIX) são precursores importantes da psicoterapia, o primeiro em seu desenvolvimento do problema da "vontade e ideia" e o último em seus *insights* psicológicos de espantosa argúcia. Nietzsche foi um psicanalista que, de diversas formas, predisse algumas linhas futuras. Intuiu algo sobre o significado dos sonhos. Sua introspecção revelou-lhe muitas verdades relacionadas à função do inconsciente. Ele percebeu que as conclusões dos filósofos eram, na verdade, imagens de seus próprios si-mesmos interiores e que os problemas externos eram apenas degraus para a área central, ou seja, o autoconhecimento. Ele viu que os conflitos internos podem ser "sublimados" na arte, ou na luta pelo poder. Sua ideia de que "o instinto é o mais inteligente de todos os tipos de inteligência" (*Beyond Good and Evil*, p. 162) tem paralelos curiosamente próximos a afirmações de Jung. Seu conceito de "vontade de poder" assemelha-se à ideia central de Adler da luta universal pelo poder. Mas, na realidade, Nietzsche é mais freudiano. A visão negativa da sociedade, a exaltação excessiva da força individual e a ideia de que todas as categorias morais devem ser transcendidas no final, são conceitos comuns a Nietzsche e a Freud. Ambos percebem que a expressão instintiva leva afinal à destruição; mas Nietzsche faz disso uma visão trágica da vida, enquanto Freud termina no pessimismo.

O desenvolvimento da ciência no século XIX também teve uma influência importante na psicoterapia. Foi aí que Freud começou a valorizar o método científico e a acreditar que é possível manter a mente e as emoções humanas sob controle através da análise, da mesma forma que a ciência mantém a ordem natural sob seu controle.

No desenvolvimento da psicoterapia moderna em si, Sigmund Freud, em seu trabalho iniciado no final do século XIX, é o pioneiro inconteste. Jung e Adler, inicialmente associados a Freud, romperam com ele para estabelecer suas próprias escolas nos primeiros anos deste século. Jung denomina seu ramo de "Psicologia Analítica" e Adler "Psicologia Individual" o seu, para distingui-los da "Psicanálise" de Freud. Rank desviou-se da escola freudiana apenas alguns anos atrás. Fritz Kunkel começou como adleriano e desenvolveu certas contribuições pessoais singulares.

Desta forma, nas raízes da psicoterapia moderna achamos que as correntes do pensamento do *romantismo*, do *racionalismo* e da *ciência* são todas importantes. De modo geral a psicoterapia pode ser designada romântica em seus pressupostos metafísicos, racionalista em muitas de suas práticas (particularmente no adlerianismo) e científica em sua técnica geral (especialmente no freudianismo).

2. Freud escreveu inúmeros trabalhos sobre vários aspectos de seu sistema, e existem inúmeras exposições mais ou menos abalizadas, realizadas por membros da escola freudiana. Para recomendar um único livro, entretanto, citaríamos como o mais útil as recentes *New Introductory Lectures on Psychoanalysis*, que apresentam as teses freudianas centrais em sua forma mais profunda e desenvolvida.

3. *A General Introduction to Psychoanalysis*, p. 375.

4. "Não há nada de indeterminado na vida psíquica" (*The Psychopathology of Everyday Life*, p. 282).

5. "A psicanálise estende a área da ciência à mente da humanidade" (*New Introductory Lectures on Psychoanalysis*, p. 282). Nesta parte Freud sustenta que a ciência é a única forma admissível de conhecimento humano e, no capítulo final desse livro, ele explica sua devoção à ciência como a esperança da humanidade. A supervalorização que Freud dá ao método científico e à razão humana é vista em afirmações como: "É uma ilusão julgar que possamos achar em outro lugar o que ela (a ciência) não nos pode dar" (*Future of an Illusion*, p. 98), e "A nada podemos apelar senão à razão" (Ibid., p. 49). Para uma exposição sobre a função verdadeira da ciência e uma explicação do malogro geral em reconhecer os limites da ciência, de que o freudianismo é um exemplo, cf. *The Function of Reason*, de Whitehead.

A crítica de Rank é objetiva: "O esforço psicanalítico no sentido de educar o indivíduo exclusivamente na ciência natural, no pensamento causal que Freud advoga em sua última obra (*Die Zukunft einer Illusion*, 1927), felizmente não é possível, mas trai toda a sua atitude pedagógica moralista, exatamente o oposto da atitude necessária para uma terapia construtiva do indivíduo" (*Will Therapy*, p. 62).

6. Devo ao Professor Paul Tillich esse ponto de vista.

7. Os livros recentes de Otto Rank, *Will Therapy* e *Truth and Reality*, apresentam argumentos estimulantes e profundos acerca da função da vontade na personalidade e da importância de qualidades como a liberdade, a autonomia pessoal e a responsabilidade moral.

8. A importância central da vontade criativa na visão da personalidade de Rank aparece em afirmações como: "O tipo criativo é capaz de criar voluntariamente, partindo dos elementos impulsivos e, além disso, de desenvolver seus padrões para além das identificações da moralidade do superego, alcançando uma formação ideal que orienta e governa conscientemente esta vontade criativa em termos de personalidade. O detalhe essencial desse processo é o fato de desenvolver o ideal de seu ego a partir de si mesmo, tanto no campo de fatores dados, como de fatores por ele mesmo escolhidos, pelos quais ele luta conscientemente" (*Truth and Reality*, p. 9).

Rank explica que essa concepção de autonomia pessoal e criativa "torna o poder criativo e a realização criativa compreensíveis pela primeira vez, substituindo o conceito impotente e insípido da sublimação, que prolonga uma existência obscura na psicanálise" (Ibid., p. 11).

9. Outro aspecto do pensamento de Rank é de importância especial para nós, ou seja, que o neurótico é o *artiste manqué*, isto é, o artista que não consegue produzir qualquer arte. O neurótico é o indivíduo que deseja criar – na verdade é forçado a criar, o que, em última análise, é a única coisa a que todos são forçados na vida –, mas por alguma razão não consegue produzir nenhum trabalho criativo. Assim o neurótico, ou qualquer pessoa com um acentuado problema de personalidade, pode bem ser precisamente um indivíduo que possua potencialidades criativas incomuns, mas é incapaz de ajustar as tensões dentro de sua personalidade, colocando em prática esses poderes deficientemente. "Procuro mostrar ao neurótico a centelha super-humana e divina", diz Rank (*Will Therapy*, p. 141).

10. *Truth and Reality*, p. 66.

11. "Se um homem pensa, sente e age, numa palavra, se ele vive de forma a corresponder diretamente às condições objetivas e às suas exigências, ele é extrovertido, seja no bom ou no mau sentido" (*Psychological Types*, p. 417).
12. *Modern Man in Search of a Soul*, p. 69.
13. Ibid., p. 69. A forte ênfase que Jung coloca na força e influência dos fatores inconscientes e irracionais na vida pode ser ilustrada com afirmações desse tipo: "Às vezes o inconsciente é capaz de assumir uma inteligência e intencionalidade superiores ao *insight* consciente real" (*Psychology and Religion*, p. 45), e, "nas coisas humanas, o que parece impossível ao racional, amiúde concretiza-se pelo irracional. Na realidade, todas as maiores mudanças que alguma vez afetaram a humanidade não vieram através do cálculo intelectual, mas por meios que as mentes contemporâneas ou ignoraram, ou rejeitaram como absurdas e que só muito mais tarde foram completamente reconhecidas por sua necessidade intrínseca" (*Psychological Types*, p. 113). Consequentemente, Jung valoriza muito a fantasia: "Mas o que de realmente grande alguma vez veio a existir, sem antes ter sido fantasia?" (Ibid., p. 77). "Não apenas o artista, mas todo e qualquer indivíduo criativo deve à fantasia tudo o que há de mais importante em sua vida. O princípio dinâmico da fantasia é 'brincar', o que também existe na criança e, como tal, parece ser incompatível com o princípio do trabalho sério. Mas, sem esse brincar com a fantasia, nenhuma obra criativa jamais veio à luz" (*Ibid.*, p. 82).
14. *Modern Man in Search of a Soul*, p. 190.
15. Jung assegura que seus "arquétipos" são idênticos às "ideias" de Platão. Os arquétipos, diz ele, são como "ideias nascidas de nosso sangue" (citado de uma conferência).
16. "A disposição artística envolve uma sobrecarga de vida psíquica coletiva como que contrária à pessoal. A arte é uma espécie de impulso inato que toma o ser humano e faz dele seu instrumento... O artista... é 'homem' num sentido mais elevado – ele é 'homem coletivo' – aquele que carrega em si e molda a vida inconsciente e psíquica da humanidade" (*Modern Man in Search of a Soul*, p. 195). "Sempre que a força criativa predomina, a vida humana é governada e moldada pelo inconsciente contra a vontade ativa, e o ego consciente é arrastado numa corrente subterrânea, sendo nada mais que um observador impotente dos eventos" (Ibid., p. 197). "O segredo da criação artística e

da eficiência na arte é encontrado num retorno ao estado de *participation mystique* – até aquele ponto de experiência em que é o homem a viver e não o indivíduo e no qual o bem ou o mal do ser humano individual não conta, mas só a existência humana" (Ibid., p. 198-199).

Capítulo II

1. Talvez seja interessante apresentar algumas impressões do Dr. Adler, o homem com quem tive o inestimável privilégio de estudar, relacionar-me e conversar intimamente. O Dr. Adler era o tipo de pessoa que os franceses chamam *sympatique*. Conversar com ele era ter aquele raro privilégio de uma relação humana sem barreiras. Uma de suas características principais era a habilidade de manter-se calmo, mesmo ao discutir. Era impossível sentir-se tenso em sua companhia. A crítica de superficialidade que é dirigida contra algumas de suas ideias é, até certo ponto, justificada, mas é também verdade que seu sistema, em sua totalidade, permanecerá na História como uma contribuição perene ao esforço do homem por compreender a si mesmo.

2. Adler descreve o ego como tendo muito mais poder como um agente orientador do que o ego freudiano.

   Uma das diferenças principais entre o sistema adleriano e o freudiano está em que Adler enfatiza a *finalidade* atual do indivíduo, ao invés de determinar os fatores de seu *background*. Seu sistema é teleológico, ao invés de causológico. Enquanto Freud lida primordialmente com os fatores causativos do passado do indivíduo, como as experiências da infância, Adler preocupa-se com a direção em que o indivíduo está se movendo.

3. *Understanding Human Nature* é provavelmente o livro mais útil de Adler.

4. *What Life Should Mean to You.*

5. Jung fala com muito desembaraço neste ponto: "Mas a individuação significa, precisamente, uma realização melhor e mais completa das disposições coletivas da humanidade, já que uma consideração adequada da peculiaridade do indivíduo conduz a uma realização social melhor do que quando a peculiaridade é negligenciada ou reprimida (*Two Essays in Analytical Psychology*, p. 184).

6. Freud diz em algum lugar que o sentimento de culpa é a expressão da tensão existente entre o ego e o superego (*New Introductory Lectures on Psychoanalysis*, p. 88), e, em outra parte, que ele representa uma tendência masoquista à autopunição. Mas Freud não compreende a natureza do sentimento de culpa normal de que estamos falando, assim como não compreende o papel da liberdade, da autonomia e da responsabilidade na personalidade. Seu naturalismo o restringe ao nível existencial, daí nenhum sentimento de culpa verdadeiro, tal como o que leva à tensão religiosa, ser admissível. Como diz Rank: "Na teoria psicanalítica... o sentimento de culpa é e permanece sendo um fato insolúvel final" (*Truth and Reality*, p. 32).

7. Era isso que Thomas Mann tinha em mente quando citou Degas como tendo dito: "Um quadro deve ser pintado com o mesmo sentimento com o qual um criminoso comete seu crime". Então Mann acrescenta: "Este é o segredo valioso e culpado", ao referir-se à recusa de Goethe a falar sobre seus projetos criativos, quando estava no processo de reproduzi-los (*Freud, Goethe and Wagner*, p. 85).

8. *Truth and Reality*, p. 62. A citação continua: "... e mesmo se não houvessem as numerosas provas da liberdade interior da vontade consciente, o fato da consciência humana da culpa seria por si suficiente para provar a liberdade da vontade, conforme a entendemos psicologicamente, sem sombra de dúvidas". E: "Resumindo, a vontade e a culpa são os dois lados complementares de um único e mesmo fenômeno" (*Ibid.*, p. 62).

9. Historicamente, fala-se disso como o "dualismo" da natureza humana. Para mostrar que ainda estamos psicologicamente bem fundamentados, citemos Rank e Jung sobre o assunto. "O homem sofre de um dualismo fundamental, seja lá como este for formulado e não de um conflito criado por forças num ambiente que podem ser evitadas por uma 'educação certa', ou removidas por uma reeducação posterior (psicanálise)" (*Will Therapy*, p. 173). Jung fala do dualismo em termos de São Paulo, "o velho Adão" e o "homem novo". Cada extremo "salva apenas um estado estreito da consciência. A alternativa está em despedaçá-lo com a tensão que é inerente ao jogo dos opostos – no estágio dualístico – e, por seu intermédio, construir um estado de consciência mais ampla e elevada" (*Modern Man in Search of a Soul*, p. 173). Assumir o "homem novo" não significa livrar-se do "velho Adão". Estar consciente desse estado dicotômico é o terceiro e mais elevado passo da consciência.

Capítulo IV

1. *Psychological Types*, p. 368. Também: "Mas, já que o sujeito que sente dentro, sente sua atividade, sua vida dentro do objeto, nesse momento também rende-se inteiramente ao objeto".

2. *Understanding Human Nature*, p. 60-61.

3. *Modern Man in Search of a Soul*, p. 57. Jung também diz aqui: "Não há recurso pelo qual possamos evitar que o tratamento seja o resultado de uma influência mútua na qual todo o ser do paciente, bem como o do médico, tem seu papel. Dois fatores primários juntos aparecem no tratamento, isto é, duas pessoas, das quais nenhuma é uma magnitude fixa e determinável... Não se pode exercer a influência se não se for suscetível a ela. É inútil o médico escudar-se contra a influência do paciente e cercar-se com uma parede de autoridade paterna e profissional" (O livro inteiro deve ser recomendado a todo aconselhador).

4. *How Natives Think*, p. 364. Outras citações deste importante livro relacionadas a nosso tema: "Todo indivíduo, este ou aquele homem ou mulher, que atualmente vive, é um certo indivíduo ancestral que pode ser humano ou semi-humano... e ao mesmo tempo ele é seu totem, isto é, ele partilha de forma mística da essência da espécie animal ou vegetal, cujo nome possui... O verbo 'ser'... abrange tanto a representação coletiva, como a consciência coletiva numa participação que é, na verdade, vivida numa espécie de simbiose realizada pela identidade da essência" (Ibid., p. 91).

"A necessidade da participação certamente permanece como algo mais imperioso e mais intenso, mesmo entre povos como os nossos, do que a sede de conhecimento e o desejo da conformidade com as exigências da razão. Ela está mais profundamente arraigada em nós e sua origem é mais remota" (Ibid., p. 385).

5. Ibid., p. 385.

6. Não é sentimentalismo falar, então, do poder da fé em provocar uma mudança num outro indivíduo. A fé numa pessoa, seja ela a da mãe em seu filho, ou do jovem em seus amigos, ou da esposa em seu marido, realmente cria uma força poderosa para o fortalecimento, ou transformação da outra personalidade. Esta é uma antiga verdade religiosa que recebe agora confirmação psicológica, baseada em nossa compreensão da empatia.

7. *New Introductory Lectures*, p. 78s. Freud acredita que a evidência pende atualmente a favor da telepatia mental e pede que se tenha uma atitude mais favorável em relação a ela. Mas tenta, em minha opinião, interpretar erradamente a telepatia como uma forma de transferência física mais complicada e sutil, como o telefone. Não há mais razão em considerar a telepatia como hipótese sensorial do que extrassensorial.
8. *Psychopathology of Everyday Life*, p. 255. Freud explica sua honestidade dessa forma: "Todas as vezes que tento uma distorção, caio num erro, ou em algum outro ato falho que trai minha desonestidade". Isso prova nosso argumento, ou seja, que a mente psicologicamente retificada torna-se mais honesta por força de seus próprios processos automáticos.
9. A explicação freudiana do fenômeno da influência está alicerçada em sua teoria do superego, a função parental que existe na mente e, por assim dizer, se põe a julgar e se esforça por persuadir o ego a aceitar a moral, os costumes e as leis decretadas pela sociedade. Mas este superego freudiano só exerce um papel de pouca importância, funcionando como um fator de interferência no caso. Sua função é definida primordialmente como uma interferência no curso da expressão direta desejada pela libido. Devemos encarar uma interpretação negativa da influência desse tipo como inadequada. É exatamente nesse ponto que as teorias deterministas da personalidade desmoronam de modo mais óbvio, pois uma negação da vontade criativa e uma consequente ênfase excessiva dada ao instinto tornam a influência inexplicável.
10. O costume de se ter Jesus como um ideal para a juventude é uma questão que permanece aberta. Servir a Jesus ou à sua causa é uma coisa, mas tentar ser outro Jesus ou tentar assumir seu papel na vida como salvador é algo diferente, de implicações muito perigosas e calcadas na hipocrisia. Os educadores religiosos que aconselham a juventude neste sentido de imitar Jesus afastam-se do conteúdo dos ensinamentos de Jesus e do cristianismo. Ele é o Filho de Deus, o Salvador, num aspecto qualitativamente diferente daquele acessível a outros homens, e seu valor para nós excede em muito o mero exemplo ético que representa. A abordagem mais proveitosa em nossa educação religiosa é a de explicar os objetivos preconizados pelo cristianismo, como o de servir com desprendimento e viver fraternalmente, apresentando-os à juventude. Na medida em que o jovem aceita estes objetivos para si mesmo, ele adquire empatia com o elemento humano em Cristo. Por este meio ele disporá da influência desejada. Jung expõe o as-

sunto objetivamente: "Não é coisa fácil viver uma vida que tem como modelo a de Cristo, mas é infinitamente mais difícil viver a própria vida com a mesma fidelidade com que Cristo viveu a sua... Além do mais, o homem moderno não anseia saber de que forma é possível imitar Cristo, mas sim, de que forma ele pode viver sua própria vida individual, por mais enfadonha e estéril que ela seja" (*Modern Man in Search of a Soul*, p. 273-274).

11. "É impossível", ressalta Adler, "ter uma influência duradoura sobre um indivíduo a quem se está prejudicando. Pode-se influenciar melhor outro indivíduo, quando ele está num tal estado de espírito em que sente seus próprios direitos garantidos" (*Understanding Human Nature*, p. 63).

12. *Modern Man in Search of a Soul*, p. 59.

Capítulo V

1. Adler, *Understanding Human Nature*, p. 170.

2. Estou usando o termo "caráter" para designar aquele aspecto externo da personalidade visto pelo mundo.

3. Freud, *Psychopathology of Everyday Life*, p. 220.

4. Citado por Adler, *Understanding Human Nature*, p. 252.

5. "Podemos deduzir que toda recordação tem uma finalidade inconsciente em si mesma. Não são fenômenos fortuitos, mas falam claramente a linguagem do encorajamento e da advertência... Lembramo-nos daqueles acontecimentos cuja recordação é importante para uma tendência psíquica específica, porque estas recordações efetuam um importante movimento subjacente" (Ibid., p. 48-49).

6. A expressão de Adler "estilo de vida" tem um significado muito semelhante ao nosso termo "estrutura da personalidade", sendo a diferença principal que "estilo de vida" enfatiza a direção em que o indivíduo está se movendo, enquanto "estrutura da personalidade" refere-se mais ao ajustamento de tensões dentro do indivíduo, que é a origem deste movimento.

7. Jones, psicanalista inglês, diz que o sucesso de um psicoterapeuta pode ser julgado pelo número de objetos pessoais de seus clientes que se acumulam em seu consultório. Pois o fato de deixar algo em determinado lugar é uma expressão inconsciente, por parte do paciente, de seu desejo de lá retornar.

8. Cf. Freud, *Psychopathology of Everyday Life*, e obras semelhantes dos outros terapeutas.

9. Cf. o capítulo VIII do livro de Adler, *Understanding Human Nature*, para uma melhor explanação sobre este assunto.

Capítulo VII

1. *General Introduction to Psychoanalysis*, p. 374. De modo semelhante Adler deixa bem claro que a decisão deve partir do paciente: "A efetuação de uma mudança na natureza do paciente só pode emanar dele. Sempre reputei um método proveitoso sentar-me ostensivamente com as mãos no colo, perfeitamente convencido de que o paciente, assim que tiver reconhecido o rumo de sua vida, nada pode obter de mim que ele como pessoa sofrida não compreenda melhor, não importando o que eu possa dizer sobre a questão" (*Practice and Theory of Individual Psychology*, p. 46).

2. *Truth and Reality*, p. 41.

3. *Modern Man in Search of a Soul*, p. 260.

4. *Let's Be Normal*, p. 168.

5. Citado por Elliott, *Solving Personal Problems*, p. 303.

Capítulo VIII

1. *The Problem of Lay Analyses*, p. 11.

2. É óbvio que este uso da religião como algo que encobre o esforço pessoal do ego não é culpa da religião em si, mas das tendências neuróticas do indivíduo em questão, que assume a religião. Uma compreensão real da religião fá-lo-á superar sua neurose, como veremos no capítulo final.

3. Na prática do aconselhamento com o tipo de pessoa que se esforça por excluir a função sexual específica de sua vida, à minha pergunta se ele ou ela espera com ansiedade o casamento, frequentemente obtenho respostas como esta: "Sim, acho que seria bom ter um lar", ou: "Sim, quero ter filhos". É certo que ter um lar e filhos são aspectos essenciais do casamento, mas tanto um motivo quanto outro ou ambos são perigosos, se considerados como o alicerce principal do casamento. Normalmente esperamos que o amor por uma pessoa do sexo oposto seja o motivo central que conduza ao casamento e, quando este não

existe, podemos crer que o problema sexual não foi tratado satisfatoriamente. Esta atitude geral em relação ao casamento pode levar ao plano de reduzir as relações sexuais a uma ou duas vezes por ano, apenas quando a concepção de uma criança for desejada. Não há dúvida que, psicologicamente, esta é uma prática deletéria e perigosa.

4. *Understanding Human Nature*, p. 264.
5. Ibid., p. 157.
6. *Modern Man in Search of a Soul*, p. 270.

Capítulo IX

1. *Understanding Human Nature*, p. 255.
2. Citado de uma carta de Rousseau por Hoffding, cf. *Jean Jacques Rousseau and His Philosophy*, p. 76.
3. *Beyond Good and Evil*, p. 174.
4. Adler, *What Life Should Mean to You*, p. 262.

Capítulo X

1. Freud, *The Future of an Illusion*, p. 52.
2. Ibid., p. 76. Freud ataca impiedosamente a religião neste e em outros de seus livros; mas é o Freud menos arguto, e tal polêmica não lhe traz nenhum crédito. Seus escritos sobre a religião demonstram uma incompreensão do significado da religião e o levam a um sem-número de incongruências.
3. Freud enfatiza os aspectos neuróticos da filosofia, da arte e da religião, enquanto Rank os qualifica de "as grandes terapias espontâneas do homem" (*Truth and Reality*, p. 88).
4. *Modern Man in Search of a Soul*, p. 264.
5. Ibid., p. 261.
6. *Two Essays on Analytical Psychology*, p. 73.
7. *Modern Man in Search of a Soul*, p. 279.
8. *Psychology and Religion*, p. 99. Jung explica o modo pelo qual esta imagem primordial de Deus surge nas pessoas modernas, ao descrever o caso de um de seus pacientes que experimentou a fantasia, que lhe ocorria periodicamente, de ser abraçado por um homem muito grande, cuja aparição lhe sugeria a imagem de um pai. Este homem gran-

de encontrava-se num campo em que ventava muito. Jung salienta que em tal fantasia a imagem do pai representa a segurança e proteção e o vento a soprar simboliza o caráter "espiritual" da fantasia. Dito de outra forma, é a imagem de Deus que surge na mente do paciente. "Estamos diante de uma imagem genuína de Deus e realmente primitiva que se desenvolveu no inconsciente de uma mente moderna e produziu um efeito vivo, um efeito que, tanto no aspecto religioso quanto psicológico, poderia nos levar a refletir" (*Two Essays on Analytical Psychology*, p. 138).

Jung também sustenta que os credos e dogmas são expressões de arquétipos que representam as formulações clássicas de verdades fundamentais e universais. "Um credo é sempre o resultado e o fruto de muitas mentes e de muitos séculos, sem as excentricidades, negligências e defeitos da experiência individual" (*Psychology and Religion*, p. 63). Jung sustenta que a experiência religiosa não necessita de comprovação racional. "A experiência religiosa é absoluta. É inquestionável... Seja lá como o mundo encare a experiência religiosa, aquele que a tem possui o grande tesouro de algo que lhe proporciona uma fonte de vida, conteúdo e beleza, que já deu ao mundo e à humanidade um novo esplendor" (Ibid., p. 113).

A cura de uma neurose é como uma experiência religiosa. "E se tal experiência ajuda a tornar sua vida mais saudável, mais bela, mais completa e mais satisfatória para você próprio e para aquele a quem você ama, você pode dizer com segurança: 'Foi a graça de Deus'" (Ibid., p. 114).

BIBLIOGRAFIA

ADLER, Alfred. *What Life Should Mean to You*. Editado por Alan Porter. Little, Brown and Co., Boston, 1931.

_____. *Understanding Human Nature*. Traduzido por Walter Beran Wolfe. Greenberg, Nova Iorque, 1927.

_____. *The Practice and Theory of Individual Psychology*. Traduzido por P. Radin. Harcourt, Brace and Co., Nova Iorque, 1924.

ELLIOTT, H.S. & ELLIOTT, G.L. *Solving Personal Problems*. Henry Holt and Co., Nova Iorque, 1937.

FREUD, Sigmund. *New Introductory Lectures on Psychoanalysis*. Traduzido por W.J.H. Sprott. W.W. Norton & Co., Nova Iorque, 1933.

_____. *The Future of an Illusion*. Traduzido por W.D. Robson-Scott. Horace Liveright, Nova Iorque, 1928.

_____. *The Problem of Lay-Analyses*. Traduzido por A. Paul Maerker-Brauden. Brentano's, Nova Iorque, 1928.

_____. *A General Introduction to Psychoanalysis*. Traducão autorizada por G. Stanley Hall. Horace Liveright, Nova Iorque, 1920.

_____. *The Psychopathology of Everyday Life*. Edição inglesa autorizada, com introdução de A.A. Brill. Macmillan, Nova Iorque, 1917.

HOFFDING, H. *Jean Jacques Rousseau and His Philosophy*. Traduzido por W. Richards e L.E. Saidla. Yale University Press, New Haven, 1930.

JUNG, C.G. *Psychology and Religion*. Yale University Press, New Haven, 1938 (trad. brasileira: *Psicologia e Religião*, Vozes, Petrópolis).

_____. *Modern Man in Search of a Soul*. Traduzido por W.S. Dell e C.F. Baynes. Harcourt, Brace and Co., Nova Iorque, 1933.

_____. *Two Essays on Analytical Psychology*. Dodd, Mead & Co., Nova Iorque, 1928 (trad. brasileira: *Estudos sobre Psicologia Analítica*, Vozes, Petrópolis).

_____. *Psychological Types*. Harcourt, Brace and Co., Nova Iorque, 1923 (trad. brasileira: *Tipos Psicológicos*, Vozes, Petrópolis).

LÉVY-BRUHL, Lucien. *How Natives Think*. Tradução autorizada por Lilian A. Clare. George Allen & Unwin, Londres, 1926.

MANN, Thomas. *Freud, Goethe, Wagner*. Alfred A. Knopf, Nova Iorque, 1937.

NIETZSCHE, Friedrich. *Beyond Good and Evil*. Traduzido por Helen Zimmern. Londres, 1909. The Modern Library, 1917.

RANK, Otto. *Truth and Reality*. Traduzido por Jessie Taft. Alfred A. Knopf, Nova Iorque, 1936.

_____. *Will Therapy*. Traduzido por Jessie Taft. Alfred A. Knopf, Nova Iorque, 1936.

RHINE, J.B. *New Frontiers of the Mind*. Farrar and Rinehart, Nova Iorque, 1937.

WHITEHEAD, A.N. *The Function of Reason*. Princeton University Press, Princeton, 1929.

Conecte-se conosco:

- facebook.com/editoravozes
- @editoravozes
- @editora_vozes
- youtube.com/editoravozes
- +55 24 2233-9033

www.vozes.com.br

Conheça nossas lojas:

www.livrariavozes.com.br

Belo Horizonte – Brasília – Campinas – Cuiabá – Curitiba
Fortaleza – Juiz de Fora – Petrópolis – Recife – São Paulo

EDITORA VOZES — VOZES NOBILIS — Vozes de Bolso — Vozes Acadêmica

EDITORA VOZES LTDA.
Rua Frei Luís, 100 – Centro – Cep 25689-900 – Petrópolis, RJ
Tel.: (24) 2233-9000 – E-mail: vendas@vozes.com.br